香港郊野
藏寶圖

序言

黃梓莘

作者六十年代開始行山，尊崇李群毅、千景堂堂主，熱衷推廣行山文化，迄今行年近九十而矢志不衰。

我是熱愛行山的，因而很致力於推廣這種活動，常在本港報章上發表遊記文章，目的就是向大眾宣揚行山時對體能的衝擊，對身心壓力的釋放，認識山野迥異於城市的自然風貌，使心情自然得到調劑。然而行船走馬三分險，行山亦有山不可欺的誡語，故老一輩旅行隊縱不開險線，仍不能避免偶發的意外事故，他們的處理手法，往往是諱其隊名，諉於"小組活動"，但這手法不能抹煞行山確有風險存在。

香港也有以險著稱的山徑，如狗牙嶺、閻王壁、南天門、黃龍坑澗、羅漢頭、馬鞍山V字崖、吊手岩等等，可幸幾十年下來未鬧出事；但近年，不過幾個月光景下來，這些地方一一破戒，頗足令人神傷，叫我們這些推廣行山活動的熱心者，當頭潑下冷水，究竟是怎麼搞的？每次在意外發生後，傳媒都訪問行山專家提供安全意見，但大眾似乎充耳不聞，繼續我行我素，於是又有人出事，又再請人發表意見……如此循環不息。

行山需要意志，這裡隱含"勇"字，但這勇字需源自一定條件：第一，當天的身體狀況，而且在平常經常有足夠的體力運動作底子的；第二，估計在日落前可以到達山下平地，踏足村路；第三，對於這條路線預先瞭解其地形，全線各點的情況，若有懷疑或未明者，應先行查探明白，盲目前進易出亂子，特別是帶隊，絕對不宜，所謂"成竹在胸"，就是這個意思。我舉一個例子：繞船灣淡水湖一圈，叫"船湖環走"，走到老虎笏漁場區，離灘上岸，這路很怪，沿路直走的路徑很清晰，但這路祗上長牌墩。環湖走都不直取長牌墩，而是離灘後有較隱蔽草徑於左方出伯公咀而到溢洪大壩。大隊行進時人跟人沒問題，獨行俠就全盤靠自己，他們便往往直上長牌墩。崗矮而面積遼闊，看不透地形，不敢再行，其實也可到伯公咀；但他們害怕越走越遠於是不敢走動，有資深行山者也曾迷路在這臥看夜空，累得民安隊、水警大舉出動營救。最近又有人重蹈覆轍，嚇得家人報警求助。筆者第一次行環湖，已意識到這裡會有這種迷路的可能，不意竟然重複發生，其實此處應豎指示牌才對。而這些迷途者若能做足和擁有上面所提三個條件，本身已自能解決難題，不需動用大批人力去協助。

　　行山確確實實需要毅力、勇氣和意志，好像看見長長梯級擋在前面便立即被嚇怕的，只適宜行商場逛街；但是，要是你能勇闖梯級，直登峰頂，看到堡壘好像雪姑屋般可愛，看到大海水連天的壯闊，沙灘的壯美雪白，遠山連綿的壯麗，此時心境的興奮與豐收感覺，甚麼辛苦也值得，甚至可以引以為傲。

　　本書以發掘一些不大為人知的歷史舊痕、遺跡、美好景物為主旨，特別尋找偏遠鄉村中令人值得尋味的史實，更不惜三四回往返查探核實。敬請先參閱書末的"後記"。

黃龍坑全貌，於薄刀屻攝得。

長排墊，崎嶇過後是坦途。

狗牙嶺過閻王壁。山峰凹處有一線生機，閻王壁上俯瞰狗牙嶺。

吊手岩，三點著地式，不妨學狗爬。

目錄

第1章

邊界區域

蓮麻礦洞有商機

"太衡之陽有盤谷,盤谷之中,泉甘而土肥,草木叢茂,居民鮮少……地幽而勢阻,隱者之所盤旋。"韓文公以不過三十字之數,展現了李愿所居地理面貌。今香港紅花嶺之陰,沙頭角河之陽,繞夾盤谷,加上名山環抱,地幽而勢阻,遠處還有人為關卡之隔,非市廛人所能易到。雖不能至,而心嚮往之。固人之常性。此地為誰?

蓮麻坑是禁區,內有碉龍奇堡,神秘礦洞,確實撩動人心,如何可以較易尋探?但細心為上。

INFO

長度 6.9 公里

珍貴　★★★★☆

難度　★★★★★

時間 4.5 小時

✷ 交通

去程
上水鐵路站公共小巴總站59K
綠色小巴→香園圍

回程
香園圍59K綠色小巴→上水鐵路站

礦洞大廳內洞道縱橫,還有豎坑,錯踏不得,故有強力電筒或頭燈為上算。

蓮麻坑藏寶圖

深圳經濟特區

梧桐山國家森林公園

梧桐山

蓮塘
聚福路
羅沙
西嶺
白虎山
蓮麻坑
長嶺
長嶺花場
長嶺關口
起點 終點
橫瀝
黃茅坑山
59K
邊境禁區界線
禾徑山
缸窰
昂塘
東風坳
龍尾頂
石寨下
紅花嶺
紅花寨
塘坊
石澳
坪洋
水牛槽
禾塘
打鼓嶺
坪原河
禾徑山
禾坑大朗
沙頭角
坪輋
水流坑
長山
大灣

尋寶路線

https://goo.gl/ZJH5LF

✳ 蓮麻坑越嶺　訪堡探礦洞

　　這就是沙頭角河南面，紅花嶺北面的蓮麻坑。邊界多已解禁，惟它雖位處中間，亦被"除外"。而旅人之好探奇者，每欲探之。何況有著名警崗堡外，更有現存僅有礦洞吸引。得庸社王新民兄之助，旅聯會長更樂於結伴同行，於是在雞年之穀日，三子遂乘火車，於上水以小巴作直闖蓮麻坑之旅。蓮麻坑小巴班次不定，久候未至，鄉人指可搭香園圍線，在村口下車後徒步前往。作者嘗行之矣，未知客意如何矣。

蓮麻坑聞名已久的其中之一礦洞真貌。

✳ 警崗當途阻　從旁越禁區

　　轉搭香園圍車，村口風雨亭落，稍頓，便東向行進，過白虎山路口，掠嚤囉樓屋群，已遙見前面有警崗模樣，樹林於右方亦盡，卻有級石供人踏足，乃方便掃墓者用；而王兄已一馬當先躍上，急忙隨之。傍著馬路平行而並非縱向深入，稍過約百米，便於墓隙

前面路邊就是警崗，外人禁入，王兄指從石級上去，穿過墓群，可避過。

1 山上有"蓮麻坑山界"的界碑。

2 翻山越林，經攀樹落崖坡後便入村的彼端。

躍回車路，是村中車路，此地已越過禁區警戒線，並已進入了蓮麻坑村範圍。

✳ 進村不入村　從旁再上山

前面有村屋，但我們不再沿車路行，左轉岔路，進入泥路，經10分鐘林叢，出林。前面仰見高山，即小梧桐，它有支"定海神針"電視塔，這裡看得真切，惜匆忙未能啟機；回望是紅花嶺山脈，即麻雀嶺。山坡上有小界碑，上刻"蓮麻坑界碑"，是往日常見，今已少有界石矣。

✳ 從山這邊　到山彼端

上落高崗，穿入林叢，高逾人頭，林下路崎嶇。從馬路到此行約1小時，再半小時至山坡盡處，崖狀而有級路，及可藉大樹根攀持腳踏，過水坑側警崗，出即得大橋車路，平坦入村，心情舒爽，以雖有山路不算難行也。因目的以尋碉堡，覓礦洞為主，不再深入芳村了。盤谷端相當遼闊，遠山連亙中，有下陷缺口處，即稍後退歸所必經。

入村後，沿此級路踏917級到頂望到碉堡了。

碉堡矗山端　礦洞藏林蔭

　　村口大樹旁有石級路上山，917之數，麥景陶碉堡位於北坡，從下難見，它與白虎山、瓦窰者同屬而略殊，周圍以雙向刺網作防，好事者牽隙廁身探入拍照，三子從之。後續往山上尋礦洞去，往返再三直至山頂，不獲。因當日有多條路標懸掛，今回已被清除，誤導以為未見路口，原來就在堡後方不到十步的頗為隱蔽路口，立有金屬告示牌的便是。

洞中藏奇　奇裡隱險

　　探洞特別危險，除需要強力照明裝備，並需有高度危險意識，因特別是礦洞，除洞道縱橫，還有垂直用作升降的直井，這會使大意而勇猛者誤墜，造成傷亡。洞中頗寬曠，有大至可容百人，通道縱橫，洞口多個，引人入勝。盼望治理好些，消除危險元素，甚至化險境為商機作遊覽點。別地遊鐘乳洞，我們遊礦洞，有何不可？只要加點心思便成。

過坑邊另一警崗，再入村，從廣場側上山尋寶去。

漂亮嗎？雙鉤鋼網迷到多少人鑽頭入內拍照。

礦洞入口之一。

蓮麻坑山上麥景陶碉堡，右角可見"定海神針"。

槍堡戰壕嗅硝煙

邊界解封，沙頭角這片"日出沙頭，月圓海角"，很富詩意，更滿載神秘感，具高度吸引力的地方，已到訪過三次了；今天，因與葉兄約定探尋瓦窰古蹟，尚有餘暇，葉兄力稱把餘下的沙頭角機槍堡也探了，便不枉此行。

在戰壕內遊走，撫摸細石卵砌機槍冷卻水池，似沙玉出品古物，進出槍堡，感受戰時遺物氣氛。

INFO

長度 1.5 公里

珍貴 ★★★★★

難度 ★★★★★

時間 2 小時

 交通

去程
上水鐵路站78K九巴→擔水坑

回程
擔水坑78K九巴→上水鐵路站

最初出現的一個石屎堡洞口，神秘感吸引人急急要走入去探索一番。

沙頭角藏寶圖

伯公坳

蓮麻坑路

100

200

300

200

100

200

蕉坑

元墩山

中英街

木棉頭

終點

起點

順興街

順隆街

沙頭角

瓦窰頭

沙頭角公路石涌凹段

尋寶路線

https://goo.gl/
7JSak9

✸ 沙頭角關閘　今見已清除

　　從文錦渡返回上水，由上水再搭大巴，直往沙頭角去。前幾回過石涌凹時，還見舊日木搭關閘遺跡，原有簡陋的木製四方形平頂上蓋，今回空空如也，只剩下石台上巨榕和數楹辦公用小屋，供憑弔用。舊時情景，拙作《平原大地導賞徑》也有照片，當是可以珍藏的一幀舊照了。

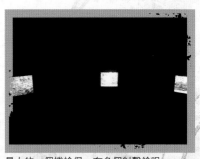

最大的一個機槍堡，有多個射擊鎗眼。

✸ 沙頭角分界　兄弟村分離

　　沙頭角有六村，忘記了？就是擔水坑上下村，山咀、蕉坑、瓦窰頭、新村、木棉頭，其中山咀最貼近現今的邊界。這沙頭角又為何變了禁區？那是光緒年代，1898年，香港要割讓給英國，英國要擴張新界領土，遂有租新界之議，於是便在沙頭角立了中英分界界碑，

望向馬路有兩個槍眼。

用小石塊細心砌成的，非常漂亮的機鎗冷卻池，恰似沙俄皇宮的金人噴泉花園所見。

雅群小學側的小路，就是登山口，因路口細而窄，易被人忽略。

另一個槍堡入口。

沙岸成了中英街，一街兩制，繁榮了起來，但這樣一分，把本是同一太公的兄弟村，就這樣被分離兩地，木湖、週田和向西本是三兄弟村，現在把向西留在界外。這是與村民交談才會瞭解到的故事。

✵ 六村最初開放　擔水坑村最大

在六村中，擔水坑村是最大的，分有上下兩村，還有學校兩間，規模不細。上村的村口有風雨亭，市區來的巴士，都會在此停站，讓外來乘客必需在此落車，否則巴士會把你載入禁區去，進去時大抵不會受到阻攔，但出來時，遇到警方查證，那就麻煩了。

✳ 既然有戰跡　不尋難安樂

從擔水坑村，可以探日軍機槍堡，還有許多縱橫盤曲的戰壕通道，這都是不知戰爭為何物的朋友，一個極佳見証歷史的亮點，只是地頗偏僻而近邊界禁區，不好亂闖尋覓，葉兄一力推薦，並選了一條最不辛苦也最易到達的路線前去。

✳ 溫氏宗祠　一列三座

沿著擔水坑村路入，過三座新髹溫氏宗祠，一家謝氏家祠和遊樂場，望著連綿起伏遠山前進，過了路邊掛滿廿草果皮、菜乾等自製土特產小店門口，便要從雅群小學新校旁邊小徑轉入，就是登山的轉捩點關要所至。

✳ 機槍冷池細石砌 恰似沙王金人池

過山神社沿石屎路上行，不到一分鐘，轉入左路口，留意右方山坡，有坑道出現，就是戰壕遺址，準備進入。沿之上行，便見到四方洞門，是槍堡建築物入口，進入需備手電照明，第一個有兩槍眼，面向馬路；再鑽入通道上尋，發現一個非常華麗的小石砌成建築，恰似俄國彼得大帝金人噴池一樣，是冷卻機槍用的水池。續行，戰壕時闊時窄，還有岔道。到另外槍堡，還有物資小寮屋。繼續追尋，另一更大四槍眼大堡出現。轉到外面觀察，真是非常堅固龐大，可見日軍之用心。坡下是墓地，可尋路落到山咀村之山咀亭去。還有更多通道，可繼續細探。

戰壕就是泥坑，充滿落葉，但可通行。

這一個堡，內部很大，有多個槍眼。

壕坑中，出現破寨，是物資補給供應站。

從外部觀察其形貌，非常堅固紮實。

瓦窰三探得真容

物以罕為貴，鑽石以硬而罕有，故為貴；地球兩極交通跋涉，人跡鮮至，故為貴；而珠峰最高點，除交通跋涉外，登峰者更需克服許多自然環境人體承受能力，要登峰者自己一寸一攀爬，而越上亦越險，克服了又能全身而退者，方可說成功。十年磨劍，乃可誌至為珍貴。今年，2017 香港就有兩位成功人仕同時登上世界之巔，值得向他們祝賀、致敬。

確知窰在，終於三探，知其大小規模，與群組建築形式。其完整與數目，實足以定為「保護文物」。

INFO

長度 2.5 公里

珍貴 ★★★★☆

難度 ★☆☆☆☆

時間 1.5 小時

✳ 交通

去程

上水鐵路站公共小巴總站59K綠色小巴→新屋嶺

回程

新屋嶺59K綠色小巴→上水鐵路站

瓦窰爐之珍貴處，在於它仍然保存完整，從頂端窰洞可見，有樹根繞洞口而過，可知歷史不短，更見珍貴。

ROUTE

木湖瓦窰藏寶圖

文錦渡口岸

木湖

文錦渡

起點

終點

新屋嶺

南坑

鳳凰湖

坪輋路

缸瓦甫

沙嶺

邊境禁區界線

尋寶路線

https://goo.gl/
ZZztge

✳ 必探其極　求真精神

在香港，有些東西，亦因其難能，故視為可貴的，如邊界事物之探求，就以木湖瓦窰吧，開放之初，初探，但只掠過。當然未感滿足。於是專題再探，更從旁知道，這個瓦窰不是徒托虛名，果真有窰存在，一如碗窰，它有窰；只是像霧又像花，始終緣慳一面。今既然確知瓦窰有實物存在，就不惜全心細探。朋友，世事很多出人意表，所以火箭發射也會失效，全村竟然只有村口一夥人家，可以問訊，而再去時，這家人也不在村裡。奇怪嗎？這瓦窰村村民竟然的這樣不戀家，喜歡往外面走的。而已遊走來回村內兩至三次，怎也找不到窰爐

從窰頂洞口觀察內部，洞壁已見有破損，仍見其甚具規模，左方有光處，就是窰口。

所在。本人是李千景的理論奉行者，不"探其極"，怎會休歇？

（註：李千景為本港極資深的行山專家，又號"千景堂主人"。）

019

❶ 瓦窰村大宅旁有磚砌更樓與松園者似。

❷ 窰設另一個窰口。

❋ 知其在矣　三探何妨

週日再去，冀望多些村民在村，而竟亦無所見。正感失望之餘，喜見一輛小型警車停泊在廣場樹下，正想趨前詢問，原來都已出勤。悵惘之餘，三個警員從村下路出，急前請教，並道殷切之情，一位"咩探"爽快回答："瓦窰爐？有，就在此處。"指著樹林，跟著又說："都幾難搵的了，帶你一下吧！"有這樣好的警員，真的想納頭便拜。在高人指引下，自然雲霧盡消，一天光晒！

❋ 車路繞樹林　樹林可成謎

有朋友曾千言萬語不能形容，而筆者乃靠筆"搵食"，試試只用一枝禿筆去闡述窰的位置，看各位能否明白，從而找到。瓦窰村村口有村牌，從這個村口進入，落至遊樂場。留意四周環境，左方有車場及車路，車路分上下，實際是藏著瓦窰的大叢樹林，沿著樹林下方石屎路，可通入一有圍欄的石屋，這石屋就是窰主的故居。

❋ 林藏兩大窰　還附一細窰

這裡可以找到兩個窰爐入口。其一，就在屋前欄網側的山丘下方，有一如拱形的洞穴，但已被封閉，雜草替它好好掩飾。另一個就是由警員指引下的窰爐入口，就在屋前小路（下路）中段旁邊，幾棵蕉樹的下

樹窰之旁不遠，另有一窰藏於草下，不覺俯而察之。

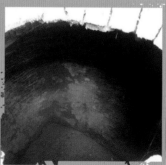

其洞設計為"方"，乃增加容積也。

去草撥蔓，使洞露出。

方，撥草踏樹。"尋幽"就要不怕煩，否則只有路過看看便算，如何能"尋"？當你看到一個像巴黎聖母院般的窰洞門口，美麗堅固，能不感動！大叢龍眼垂在洞口，柔柔掩映，就是它替這瓦窰掩人耳目。

✳ 窰洞仿如聖母院　雜草亂枝擾遊人

這窰面積甚大，高度亦相當，內部四方，目的可增大容量。一般遊者多能找到此窰頂上氣孔，少有探爐內部。有心者攜備強力照明，可以清楚看到窰貌。從旁路上到窰頂另附一小窰，旁邊更有大窰，但較此窰細些。

除瓦窰村外，木湖天后廟、新屋嶺圍村，都在行程內，而舊日路上關閘門橋，已拆去了，不能見到。珍貴歷史舊物，霎眼銷亡！

1 多層深進式洞門仿如聖母院哥德華麗設計，令人神馳不已。

2 瓦窰村內第三窰位於窰主屋側，洞口為安全計，被封。

村口對正有車路上山，尋得另一麥景陶碉堡。

鹽灶尋灶得灰窰

初民復界回歸，生活困阨，耕田要開地，播種要種籽，捕魚要織網開船。今天看來無甚不了，從前十分困難，加上村落偏僻，趁墟要憑雙腳走路，費時吃力，故麻雀嶺下居民，亦多有從事造窰燒灰謀生。

> 尋燒鹽之灶，卻得燒灰之窰，物雖殘破，但數量驚人，更從而可窺先民在港生活面貌。

✵ 灶不見有　還有灰窰

　　沙頭角汀角路口有條鹽灶下，本意走訪這村，以為此村是造灶燒海鹽幹活，於是到這村尋灶。誰

INFO

長度 1.7 公里

珍貴　★★★☆☆

難度　★☆☆☆☆

時間 1.5 小時

 交通

去程

粉嶺鐵路站56K綠色小巴→鹽灶下

回程

鹿頸路56K綠色小巴→粉嶺鐵路站

鹽灶下村前面對的山光水色和大片廢田平原，但不要少看，有土始有財呀！

鹽灶下藏寶圖

沙頭角

瓦窰頭

沙頭角海

石涌凹

沙頭角公路（石涌凹段）

烏石角

大環

麻雀嶺

禾塘崗

白鶴林

終點

水浸咀排

鹽灶下

塦頭下

海背嶺

鴉洲

鳳坑

禾坑

大灣

雞谷樹下

河瀝背

南涌

起點

鹹坑尾

南涌河

鹿頸

尋寶路線

https://goo.gl/
kVGC4d

知有熟識鄉情路中老者卻説，灶不見有，灰窰應該還有，在村口海邊。他是沙頭角居民，説著上了小巴歸去。

✳ 關雲長在此　誰敢決死戰

懷著興奮心情入村，沿途綠田滿眼，但非禾稻，亦非瓜菜，只是茂草，而城市有學耕者，艱難才租十來尺地，已喜孜孜的每個週日落田去了，如此荒廢，甚覺可惜。村分前後排，旅人取道入鹿頸者多選後者，今日我取前者，果有所獲，有兩祠堂及過黃姓祠堂之後，有協天宮，供奉關帝；關雲長是三國漢朝大將，義薄雲天，手挽青龍偃月刀，腳踏追風赤兔馬，面如重棗，左手挽髯，威風堂堂座鎮，牛鬼蛇神不敢來犯矣。

請不要嫌它一堆亂草，它遮著的是過百年的古窰，就在塦頭下村前。

喃嘸阿尼陀碑旁邊是一塊編號STK5的里程碑，在上禾坑附近找不到"4"號碑。

南涌村口的一個破敗不堪的廢窰。

南涌窰旁邊另有一個較為完整些的廢窰。

✵ 多得亞哥　介紹村長

宮側閃出一位大哥，求欲尋窰之意。卻被質為何不找村長，並以電話相告。村長客氣，初有所難，後卒示我尋找之途。出村踏上鹿頸路，行到有屋數椽處，盡亦未見所示跡象，恰有村人出，帶我到村口一樹掩林擁的磚牆前，指就是這個。撥開亂葉，見石砌弧形牆體，過人高，下端有方形門洞，應似窰，臨街。前邊倒塌，亂石被清除，剩半邊未塌者，急忙拍照。村人並指，南涌還有兩個，只在畫室側空地內，很易找。本來悶熱天氣，忽然烏雲蔽天，踩著馬路積水，到了南涌，匆匆拍過照，卻遭士多店者提示危險小心。雨傾盤般倒下，急忙謀歸。

✵ 得隴望蜀　尋一得五

後再通電村長，以示謝意，卻聲言另有窰爐近海邊，於是擇晴天再去，於膊頭下屋盡處確有小閘，便進入四看，只地上兩大堆泥石，窰址乎？再看林中，有

這裡的一個明顯規模更大，是鹽灶下黃姓村長父親所建。

位置在膊頭下圍欄內近海邊有七十年前已運作的灰窰。

石牆影，趨前查看，有牆有爐口，側還有石牆諒用作護爐用。結構看來粗糙，但已成窰形。從外側再觀察，可爬上爐頂，原來還有些石砌成灶形，轉過去，一個完整窰口現眼前，是窰上有窰。村長云，從前這裡海邊，滿是蠔殼，故燒灰原料很易獲得。七十年前已在這裡，何故這麼清楚？因這窰是他父親造的。

大窰之上還附有另一個灰窰，窰口結構還算有跡可尋而完整。

✳ 南涌風光好　旅途常用上

再步向南涌，左方紅樹林像走入林帶，一支支樹幹密排。入南涌村，有路從這邊入另邊出，圍著的是高大紅樹林，成特有景色。南涌是登山者一個熱門地方，從這裡可以上橫七古道，直通大美督牛坳，可以上屏南石澗。澗口的閘水堤，旅行山澗時常在水中休息煮食，但忽然山雨欲來，山洪暴至而走避不及，人可匆忙急急跳到稍高處避水，但背囊雜物，被沖到這水閘內，要拾回，真是談何容易。今日行程，本欲尋一鹽灶，卻得鹽灶下三個及南涌兩個合五灰窰，真是意外收穫。

窰旁有石牆，但整體顯得堆砌粗糙，與瓦窰者相去甚遠。

南涌村內水道和紅樹林，成水鳥天堂。

香園碉堡松園下

知禁邊後撤，隨友探視，初探粗疏，繼自行細遊，探香園，登白虎，訪松園下，但錯認碉堡，最後三探而成。可知必須堅持，鍥而不捨。禁邊探遊，於然迤邐展開。

INFO

長度 4.2 公里

珍貴 ★★★★★

難度 ★★★★★

時間 3.5 小時

交通

去程
上水鐵路站公共小巴總站59K
綠色小巴→香園圍

回程
香園圍59K綠色小巴→上水鐵路站公共小巴總站

> 白雲山與香園圍，俱有碉樓，型制自是迥異，後後一列鄉村解禁，大家就跟作者一起細細探遊。

2016 年3月4日，打鼓嶺邊界禁區開放了，關閘從虎地坳一帶後移到蓮麻坑之前，香園圍之後，從此，我們可以像尖鼻咀一樣，走到鐵網下而無禁。自沙頭角六村解禁，曾三度探遊；打鼓嶺解禁，前往亦不止三次，實抱有為了讀者，為求虎子，何畏虎穴之概。

香園圍客家村屋，一列四戶，後排屋建有碉樓，此形制為首度發現，及其後瓦窰有相同者。

ROUTE

東湖

西嶺 蓮塘工業區

香園圍藏寶圖

東湖公園

蓮塘變電站 深圳河

羅沙公路

白虎山

坑 路

終點

起點

香園圍

羅湖路

下香園

尋寶路線

松香園

蓮麻坑路

羅芳村

邊境禁區

https://goo.gl/ZJ1dmC

東風坳 銅鑼坑

✳ 禁邊期待久　怎能不探遊

　　打鼓嶺位於新界東北角，故從上水出發；上水站旁上水廣場有交通總匯，選乘大巴或小巴皆可，兩者所走路線有殊而終點略異，大巴僅及邊沿，小巴直入村際，為花同樣車費，得最大效益，便設計出如下的路程。

農菜收集站，儼然村群中心。

✳ 搭蓮麻坑車　先探下香園

　　首乘專線小巴直入香園圍村內，若恰巧有蓮麻坑車，亦可乘搭。在村口風雨亭落車，不打緊，數分鐘步程便到村了。村內也有另一風雨亭，對正下香園村口，此時可先入下香園，過坑橋及村口簕竹林，會有兩頭唐犬相迎。萬氏宗祠兩所貼近村邊，一稱廷業萬公祠，一稱廷宗萬公祠，兩祠俱以廷字先行，當是兄弟同屬廷字派，亦以此為開村始祖。

竹園村變工地聞說為新口岸地址，就是蓮麻坑口岸。

松園村圍牆內的何氏宗祠及村公所建構獨特，值得細看。

✳ 香園圍頗大　圍村有碉樓

復出村口轉右入香園圍，村屋型格較有氣派。四戶一字排開，齊一橫頂屋脊，客家格局；後排緊貼第一排，較窄及不齊一，巷尾一家，屋頂加建方型碉樓，有大小監察窗孔，攻防兩用。但格局似只是私人防護，而非作整條村的守衛用途。至於屋宇裝飾，後排的反而有窗簷泥飾，前排的欠奉，故感覺簡單。迎接春節，前排都貼了春聯，春天遊鄉村，就是多了這份熱鬧，多了份讀春聯的雅致。其一：**吉星高照平安宅，富貴常臨積善家**；其二：**花開富貴，竹報平安**；其三：**一室太和添富貴，滿門春色享榮華**；其四：**一帆風順平安宅，心想事成幸福家**。此村春聯用語，雖隨俗而不落俗，有自己心思，值得欣賞。

✳ 白虎山矮　碉樓處處

出村，轉往白虎山行。山不高，半途已有警崗碉樓，再上到停車平台，崖壁上鑲嵌

香園圍村私人碉樓背影香港少有特色。

二戰時碉堡遺物堅固足抵禦大砲。

遠山白帶，非雲非霧。

兩組碉眼，很有威勢。但這是二次大戰遺物，並非麥景陶碉堡。需沿右級上廿餘級，毋需直上登頂，而是轉右循級到盡頭，便見一個鐵網圍著碉堡，屋頂有圓型天線，牆身青綠；只可外觀。欄外有另組炮眼，反而增加戰時設備的真實度。

松園下內精緻私人花園，流泉錦鯉。

✳ 坪洋陳姓來深圳　蓮麻松園何處來

　　落白虎山，路口有小巴從蓮麻坑出，要搭需配合時間，約一小時一班。我們放步沿車路過香園圍，邊行邊觀望沿途景物，大片空地是竹園舊址，房屋盡拆，正在興建新口岸。鐵網外是深圳河，房屋是羅芳村，都是簇新樓房。松園下在馬路較低處。坪洋陳姓松園下村是從深圳松園下來港，今此松園下乃何姓，來自何方，未及問訊。村中圍有祠堂，兼作公所用。村貌開揚，村屋散置新舊交替，富有者且建精緻花園，石山流溪、錦鯉蓮池。貧者仍守泥牆破屋。這類泥屋城市人罕見，當視為稀品。村口候小巴或再行往坪洋路口大巴站。

村口放置搾蔗石絞真身，高塘、糖坊村名都與絞搾蔗糖有關。

首見白虎山側麥景陶碉堡。

禁邊圍村見《武魁》

禁區邊沿村落，從蓮麻坑一直延伸到文錦渡，而至落馬洲，就分段式把它遍遊，絕不放過。這是旅行家精神。

> 西北大族老村，功名牌匾見慣不怪，東北地僻村細，出現"武魁"功名，自然令人眼前一亮。

打鼓嶺邊防後撤，曾到過香園圍、白虎山、松園下，餘情未了，繼續追尋。本擬同樣於坪洋總站作起點，沿鐵網走木湖，又擔心太近文錦渡禁邊，不知能否進入，誰知上了59K小巴，誤打誤撞落車處竟是木湖。

INFO

長度 4.8 公里

珍貴 ★★★☆☆

難度 ★☆☆☆☆

時間 1.7 小時

交通

去程
上水鐵路站公共小巴總站59K綠色小巴→新屋嶺

回程
打鼓嶺59K綠色小巴→上水鐵路站

瓦窰村後，深圳河邊水泥廠設施，現已拆遷。

ROUTE

新屋嶺藏寶圖

新秀路
新興大廈
羅芳路
羅芳村
蓮麻坑路
東風坳
文錦邊檢站
瓦窰
蓮麻坑路
終點
木湖
老鼠嶺
鳳凰湖
塘坊
文錦渡
坪洋
文錦渡路
起點
週田村
李屋
坪
石澳
水口
打鼓
尋寶路線
新屋嶺
邊境禁區界線
平原河
https://goo.gl/4XrwoH
缸瓦甫
坪輋

✳ 木湖瓦窰　無心之得

　　四周林樹，車路舉目無人，望向林中小徑，雖然是木湖而未見村屋，因而不敢進入。前行得瓦窰，即地圖所指木湖瓦窰，這不就是想去而又恐怕太近禁邊而不能去的地方嗎？於是內心釋然，安心前探。瓦窰村有窰址，因犬群而止。續行不遠，大型工地有巨桶出現，更見有管道伸向深圳河對岸，知是建築工料的一種節省運輸方法，連貨車也省卻。深圳房屋就在河邊，伸手可及。

輸送管飛架，橫跨深圳河到對岸。

✳ 深圳河管道飛架　通貨運如此這般

　　沿深圳河邊前行，公路橋橫跨支流河口，橋下架了多條巨型管道，河水匯入深圳主河去。河邊開始設置圍欄鐵網，從蓮麻坑一路延伸到這裏為止。車路寬闊好行，亦無車。續行，右邊有路接來，路口喜見“週田村、老鼠嶺、鳳凰湖路牌”，正是要追尋的目標物。

週田村很古，從簷飾牆飾可見一斑。

週田杜氏圍村門樓，門前有古井。

門樓內高掛"武魁"功名牌匾，不要小看偏遠
小鄉缺文化，武魁當由全國會試產生。

✸ 杜氏出武魁　圍村好對聯

　　於是捨正路，"沿之行，忘路之遠近"，又有一路口，路牌只書"週田村"，於是又捨路而入。過一大樹，土地公以"神人共樂"相迎。週田村分杜、蕭、楊三姓，蕭氏宗祠旁有"杜氏週田村"圍村門樓，聯書："**週年雨順風調化生萬物，田野花明柳媚點綴三春**"，安於田畝，融入自然，少見的鄉村聯對。入圍，一軸中分，排成八列。盡處有週田學校，貌甚古拙，更喜見圍樓內掛御賜"武魁"牌匾一方，這功名比美狀元之難能可貴。荒村中竟出高材生，得皇上恩賜，令人大感欽佩。

✸ 週田同老鼠　田鼠共一源

　　以"老鼠嶺"一名詢之村中父老，答以兩名實即同一地方，村外有樹（山）形如老鼠，並指村前一樹即是，云云。望樹形實亦頗像老鼠，但樹齡非老，而村應甚古，似不相稱，難以成立。

✸ 鳳凰湖村新　新屋不忘舊

　　村後小路過田野，進入鳳凰湖，村屋多新型，但仍不忘舊有文化，有拆下舊日窗檐泥塑，整套移

圍內有學校，功名由此出，很有特色的週田學校——何不納入古蹟名錄？

鳳凰湖有好辦法，把美好文化遺產放門樓上。

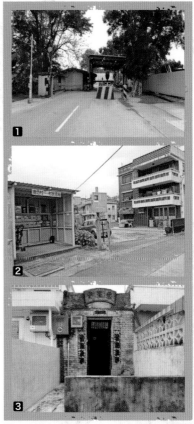

❶ 坪輋路上關閘今已廢，遺址仍保留。最終所見已拆去。

❷ 簡頭村與塘坊相望，塘坊意指昔日產蔗糖之地。

❸ 李屋村雖細，有"彥文堂"私塾，古雅而的式可愛。

置門樓頂上，獨特型格仿如凱旋門，可保留舊有文化而另具風格。簇新村公所立於村中，門聯上書：**鳳凰來儀，祥雲瑞氣**。脫俗，但不偶，有點可惜，改用"獻瑞"，即大不同矣。

✳ 李屋村仔細　陋巷有"彥文"

李屋即在附近，當往探之。經過一佛偈牆進入，是遊樂場，正施工中。村貌普通，其中最堪注目的，是一間窄窄門樓，上書"彥文堂"的黝黑房子，應是舊時教授村中子弟的書室，村雖細，不忘子弟學業，可見父老輩對子弟期盼之殷。

✳ 關閘成古蹟　惡狗守糖村

李屋後接坪輋路，關閘在附近，已後移，卻仍然收窄馬路單線行車。車路對面即糖坊村，擬入但狗惡，後改入簡頭村，連祠堂也不加姓氏。文錦渡路就在街頭，菜站旁可候小巴往粉嶺。

馬草壟解封初探

路況不明，兼屬禁地，這種忐忑心情，不言而喻。但都在抱有"必探"心理下，一一破解，這種快樂，隱藏了一份成功感，這份心情，惟抱有求探精神的讀者方能理解。

請勿質疑村仔細眉細眼，初探就是一項大工程，戰戰兢兢，如履薄冰，庶幾可以形容。

——　道圍牆，一道鐵絲網，足以使兩地人變得咫尺天涯。東西德、南北韓、國內和香港，幸而我們界線已越縮越窄了，"禁區"已變得越加接近邊界。曾在歐洲旅行，當他們步入歐盟一體化時，真羨慕和佩服他們，進出邊境如返家鄉，國門如家門，出入不獨無禁，連海關也撤銷了！

INFO

長度 1.2 公里

珍貴 ★★★☆☆

難度 ★⯨☆☆☆

時間 20 分鐘

✹ 交通

去程
上水鐵路站公共小巴總站特別班51K綠色小巴→料壆村及馬草壟

回程
料壆村特別班51K綠色小巴→上水鐵路站公共小巴總站

村上區旗飄揚，鄉村人家更有國家情懷。

馬草壟藏寶圖

ROUTE

料壆

料壆路

福德公

快景路

起點

終點

馬草壟

大石磨
（排峰嶺）

石馬

菴
尋寶路線

https://goo.gl/
eNNx7L

✳ 沙頭六鄉解禁　打鼓禁村後移

自沙頭角六村解禁，打鼓嶺禁邊也向後推移，我們直迫香園圍、白虎山，馬草壟到底如何？記得很多年前，高山遠足，從山上順著山勢摸入了一次，那次非常幸運，沒遇上軍警，也只是匆匆地驚鴻一瞥，談不上印象。

✳ 本意屬河上　喜得意外緣

今回因訪河上鄉，從古洞大街見到有小巴掛馬草壟牌出入小道，知道有點瞄頭，可能會有所獲也說不定。從地圖知馬草壟稍過另有料壆村，其鄰為舊村與信義新村，本擬從山路步行入村，再乘小巴出，但恐地理不明，還是不要冒這險了。先乘車入，再步行而返吧！

馬草壟信義新村石碑。

曠野一大片，菜地只幾畦。

山村屋雖細，山下公園綠。

村民何所求？富貴有平安。

紅欄畔草綠，黃沙壓水清。

✳ 人間難得　善意友情

上水小巴總站站長，友善而樂意地指示乘搭51K便是，小巴路牌都是河上鄉，原來本都走河上鄉的，現在抽調一兩部走馬草壟線，再間中加走料壆，故亦有料壆牌。各位現在大體上可以理解，何謂喜出望外了。因為曾經思量在馬草壟落車後，怎樣可以再向前推進，貼近料壆，再而接近羅湖邊界，直至禁止通行為止，現在司機已有正面答案，從馬草壟可上山沿車站過去料壆，也可落到海邊沿軍用車路走，後者平路，但遠些而易行。

✳ 初探馬草壟　輕掠料壆圍

於是除馬草壟外，決定加遊料壆。小巴從上水車站開出，轉兩個彎，轉入寶石湖路，一路直行，到古洞區，從河上鄉路口入，不到一里，糖坊路口左入，便是馬草壟路，兩旁都有房屋，但不是密集式排列，小巴上不時有人叫站落車，卻無上車客。亞婆訴說現在種菜很難生長，長不大。為甚麼？因為空氣不佳，菜蔬種了很易枯死。

樓高倒影深。

樹岸紅欄逐溪流。

✳ 空氣污染　農作歉收

　　一位姓馮村民從上水朋友要了百來株毛瓜苗回來種，話題就是由此引開，他也是說不是愁沒地種，卻愁它長不大，原因就是空氣不好。想不到今天社會空氣污染問題，最貼身感受到的，原來是"目不識丁"的鄉下人家。跟著馮伯說，現今菜貴，不是農民賺多了，是收成不好才是根本原因。最後馮伯也落了車，到總站時剩下我倆，司機說等會再開到料壆去。他建議我們在這行過去也可以，風景不錯的。

克服困難，就是勝利：村屋勵志聯語。

✳ 岸南田隴　岸北高樓

　　於是落車向下行，村間小屋，田間瓜樹，渠道縱橫，海岸對方高樓密集，如松如杉，幾疑對岸就是香港，甚至香港哪有這般多樣化的標緻的樓房呢？它們把香港比下來了。邊行邊看，滿意地結束了馬草壟初探之行，料壆下次再探。

層樓高聳雲深處，笑看今朝我勝誰。

料嘥羅湖先得月

勇闖禁地，得探羅湖"得月樓警崗"，近窺羅湖橋，沿梧桐河漫步，甚喜，有如南非人在山泥中踢著一顆不細的含鑽寶石。

有樓近水，其名為得月，且以為地名，一如馬料水。

INFO

長度 4.6 公里

珍貴 ★★★★★

難度 ★☆☆☆☆

時間 1.5 小時

⚙ 交通

去程

上水鐵路站公共小巴總站特別班51K綠色小巴→馬草壟信義新村

回程

羅湖懲教所51K（輔助服務）綠色小巴→上水鐵路站公共小巴總站

世事之難能便覺珍貴，鑽石之被人珍視，非只在於它的質地堅硬，更在於它的罕有。如南方人不易見落雪，便以見鵝毛雪紛飛為奇遇；日出日落為正常，便以午夜太陽、滿天極光為異事。香港人儘管你大山踏遍，但鐵絲網下的禁區，你便千萬不能越雷池半步，能踏禁邊便是大事。

莫道村邊界，家家雪白新。

大沙落　　雙孖鯉魚　　羅湖口岸　　羅湖　　沙嶺

料壆

料壆路

福德公　　快景路　　羅湖道

馬草壟　起點

大石磨　　石馬

菴邊

排頭路

河上鄉路

鳳崗山

終點

鳳崗　　　　　　　河上鄉

尋寶路線

https://goo.gl/mmy9UJ

"大王爺" 神社，社壇有型格。

村口指示牌：何妨坐車來。

✦ 山上綑鐵籠　步步應小心

　　因此本港旅行，曾最使人困擾的，也就是這些禁區，行山人士會在不知不覺間誤闖，誤觸法紀而不自覺，有些邊界鄉郊，也是旅行人仕所嚮往，卻奈何在禁邊內外，望而興嘆。連從虎地坳，穿越大水管、過火車橋洞底，然後上走石上河橋入河上鄉，卻會遭到迎面而來的邊界巡邏隊查問：知否此乃禁區？其實河上鄉何來是禁區呢？亦惟有唯唯諾諾而退。

羅湖深圳河邊，得月樓警崗。

1 橋通但限制，紅樓深圳關。

2 羅湖橋，一橋飛架南北。

3 邊界羅太豆腐花，單車客恩物。

✳ 羅湖應得月　料壆不近河

好了，今天已全然鬆綁，可以直迫邊界而去，自然是一種大解放，心情輕鬆，我們已試遊過馬草壟這禁邊小村，也掠過料壆。不妨先搭小巴到料壆細遊，再續前緣吧！

✳ 得月樓村路　有雙孖鯉魚

料壆村後上接馬路，接到大路口，上有一個路牌，別緻地有架模型私家車放在路牌頂，很易認，左方是從馬草壟來，右方路向河上鄉去。

先接觸到路邊一戶人家，答以"得月樓村"。啊？得月樓非大廈而是地方名稱，應該是先有得月樓，因名字有詩意而為人熟悉，也流行起來，後來樓毀了，人們繼續用它作為地方名，便成了"得月樓村"吧！這戶人家的下方，應可通出去"雙孖鯉魚"名點的。

這雙孖鯉魚是否會與雙魚河有關，值得我們加以追尋，以前不可能，現在解禁，應該多放點時間去查看。

得月樓頭因近水
雙孖鯉魚有何由

稍過有另外人家，門口大書"得月樓村10-15號"，接近了；一個平台上出現了一座現代化樓房，門牌上寫著"得月樓警崗"。正擬舉機拍照，內裡冒出一位警伯，笑意滿容顏，問過容許拍照，然後與警伯搭訕並探路，知是可以沿河岸直去，第一處人家便當是那任食的羅太豆腐舖。

鋼架鐵橋，扛起水管，讓東江水飛越梧桐河進入香港。

禁區非禁地　壁壘已模糊

這是長久以來被視為邊境重地的禁區了，到底是怎麼個樣的？左方應就是界外地，是國內的範圍，一座有皇宮氣派的大樓，土黃色外牆，橙紅色緄邊，很有生氣。香港方面的是平凡的西式玻璃樓宇，相比下有點灰暗陰沉感覺。中間有一度有蓋的長長大鋼橋，這該是著名的羅湖橋了，從前傅奇與石慧被港英政府遞解出境，就在羅湖橋上靜坐抗爭一段不短的日子。

禁區禁進入、我從裡面出

警崗面前也有一道橋通往對岸的，要禁區紙才可進入；梧桐河成了另一道屏障。沿梧桐河右岸行，一個凹位處，讓管道在頭頂上過。上岸後大字標明500米前面是禁區，嚴禁進入。今我卻從裡面出來，該如何計算？是否很有趣？

木棉守護梧桐河。

落馬洲客少車稀

落馬洲，人知有瞭望台，是供西方遊客來港時，登台瞭望中國，現今內地開放已久，邊界亦可從料壆邊線直趨落馬洲，完成邊界禁區遊，瞭望亭變 "望鄉亭" 了。

> 門前冷落，外面車馬不稀，誰再理會舊日望北亭已無昔日風光。且探村前田畝，書齋祠堂吧。

INFO

長度 5.6 公里

珍貴 ★★★★☆

難度 ★☆☆☆☆

時間 1.5 小時

✳ 交通

去程
上水鐵路站公共小巴總站特別班51K綠色小巴→料壆村

回程
潘屋村75綠色小巴→元朗鐵路站

從料壆到落馬洲，是禁邊行程的最後一段，它曾使我忐忑不安，充滿疑慮，也充滿期盼和渴求。今天，終於抱著破釜沉舟決心，也慶幸圓滿完成。

✳ 小巴兩程站　正好合要求

取料壆起步，希望使行程多些變化，若嫌過長可

風雨亭立於料壆村中心，並有亭聯。

ROUTE

落馬洲藏寶圖

大沙落　　雙孖鯉魚　　羅湖口岸

皇崗邊防檢查站

皇崗海關

深圳河

邊境禁區界線

料壆　　起點　　料壆路

福德公　　快景路

大石磨

馬草壆路　　馬草壆

鷓鴣坑

坪坑

大羅口

落馬洲村

鐵坑

瞭望亭

龍口路

洲頭西路

洲頭

排頭路

鳳崗山

鳳崗

東方

河上鄉路

塘角

波樓路

白石凹

粉嶺公路

古洞

燕崗

尋寶路線

https://goo.gl/
UKViDQ

終點

從馬草壆起步，兩者都從上水廣場小巴總站，搭上**51K**綠巴，這線小巴是馬草壆與料壆連結的，有時是先到馬草壆（上回就是），稍停而後過料壆，有時是先到料壆再回走馬草壆，卻正正巧合我的要求。

✳ 廣場路四通　福德宮主廟

　　料壆是在山坡的那邊，爬坡後一直落斜入村，廣場開揚，旁有風雨亭，上書"料壆村"。廣場位處四路交結點，直路入村屋，左路村屋後是田園，右路大馬路，上接主路來往羅湖得月樓出河上鄉，另一路就是通馬草壆的來路。落車後沿馬路上行，係繞村而築，過一輝煌雅致福德宮，飛檐雙疊，福德宮牌置雙檐間，聯書：**福垂馮氏，德庇東鄉**。隆重的格局，似是該村主神，又知村乃馮姓。

"福垂馮氏"，福德宮當是料壆村神。

沿途清靜，偶有踏車遊者。

野蘿繞"柴"屋。

落馬洲村屋一部份。

遺世獨立的山居。

途中門前冷落的警崗。

✳ 鄉村風味失　大城格局成

上到路口，下通羅湖邊禁，上回已行，左落通馬草壟、落馬洲。曾由此上行，今反向而落。不數分鐘已至平地，望對岸則高樓四起，仿似雨後春筍，深圳正力爭大城市格局，而今天已脫村姑形象，若再多點文明，勝香港又何難。回望草原盡處山坡上料壘村，幾重房舍擁疊，恰恰消減幾分荒涼。

✳ 泥灘破屋　群犬吠聲

出越料壘山咀，闊落草原消失，山坡高樹壓人而來；泥灘上雜樹亂生，環保人仕認

為是自然生態。偶然一條人工開出來的泥路，上搭一間鐵皮屋；另處膠布帳下，遮蓋着一輛客車，從樹縫中看到有屋成列，規模不細，正想走出去探視，卻一犬吠聲引來十犬跟隨，群相擁來，驅逐不速之客。

✳ 樹隨欄岸曲　荷枯萍湖綠

馬草壟村口有橋，橫跨水道出口，水道旁圍欄相傍，水曲渠彎，宛如龍舞，給青青垂柳帶來動態。過馬草壟村後很久才見人家，及至再有房舍時，便是步入落馬洲區份。一夥人家，門前掛大大彩帳，甚麼荷花生態賞

遊之類，問說原來種了荷花滿池，後來都枯死了。又是這含毒的污染空氣的累？

✳ 落馬洲村不算細　美德家祠古惜殘

　　遠處一組房屋，在田隴之後，是落馬洲村了，見有一祖祠形狀房屋，便踏田基往探，是"美德家塾"，格式古舊，真的很舊，且有破爛，綠苔遍地，不宜亂行；後座並作祖祠，張姓。門前田地，有人正灌了水，把田耙平過，準備插苗了。

✳ 昔日旅遊熱點　今日門前車稀

　　村盡，直通新田馬路，旁有上山路，通往落馬洲瞭望台。昔日為西方遊客必遊熱點，今日只剩仍漂亮的公園、瞭望鏡，及曾宣傳花費至鉅至豪華的公廁，仍冷冷地屹立於停車場旁邊。於此可領略到甚麼叫"門前冷落車馬稀"了。

1 荷池竟被野萍綠。

2 美德家塾，屋脊泥塑古意盎然，對聯更有深意。

3 難能再尋的古建築，惜敗象紛呈，值得重修。

落馬洲瞭望台公園，保持整潔，環境靚絕，惜遊人只有我們兩老，於是掏出茶點享用，整個公園，為我倆所擁有。

六村烏石角連遊

六村一直被禁制外人進入的村落，現在開放給外人來往了，雖然是鄉下地方，但是，相隔時代確很久遠，值得探索。

港人禁踏沙頭角，百年以上，自解禁即急忙往探，其外緣有烏石角，遙望名山，景色尤美。

通過時光隧道，回到1898年清朝光緒年代，因割讓香港而引起的租借新界、及擴展租界，利用沙頭角河床作界位，其後河床變成了中英街，遂因而豎立了八條界碑，還掛了警世鐘，180響的警世鐘聲於每年3月18日起會響起。

INFO

長度 4.7 公里

珍貴　★★★☆☆

難度　★☆☆☆☆

時間 2 小時

✇ 交通

上水

上水火車站78K九巴→沙頭角診所站

沙頭角

沙頭角診所站78K九巴回程

舊日關口閘門，後方白色建築物，是工作人員辦公處，今亦拆除，只有大榕僅供憑弔。

尋寶路線

http://goo.gl/
nTqqRI

✳ 到處有問題　趣味隨處在

　　我們今日身處的特區沙頭角，聽不到那鐘聲，昔日因受沙頭角邊界禁區制約，不能隨意進入的《六條村》，千禧年代後，因發展需要，開放禁區，把禁線向北推移，這六村成了旅遊焦點，而六村之遊，有見旅遊車開來了，遊客落車走走，又開走了，會感到乏味吧？

✳ 探遊再三　何來乏味

　　本人接觸六村之遊有三次，初為粗遊，次為自家逐村遊，越遊越有興味，再作第三次的專題探索遊。何解？

　　六村據報導是指山咀、擔水坑、蕉坑、木棉頭、新村和塘肚山村（其實還有塘肚坪）。這裡應該有瓦窰頭村的，為甚麼不見了？

烏石角天后宮（門前是廟祝）與協天宮。

烏石角村前火龍果正熟。

對岸尖光峒與石芽頭，難得見到身影。

擔水坑纏藤村屋。

村後山坡梯田已廢。

✳ 尋找真相　從頭再行

專題探索就是從舊閘口落車進入，靠馬路右向北，過了塘肚，未到木棉頭，馬路左方路邊有座新屋（路牌應是新村），馬路右邊有舊村屋三兩間，下意識認定應是瓦窰頭，曾問路過村民則否定有瓦窰頭村。幸見地台下有人工作，得另一長者欣然作答，詢以"此乃瓦窰頭村"？答覆"是又不是"。原因是從前有這村，今村仍存在，但名稱卻消失了。原來這長了長鬚的長者，姓藍，就是瓦窰頭開村先祖的後代。他似有感悟，説初開村時，是在今已作墓葬區的近山山腰位置。後來政府要搬村，在馬路那（右）邊，村名叫新村，瓦窰頭卻不見了。我們現在所站處，實在就叫"瓦窰頭"。稍後會向政府提議，將我們二村，改回"沙頭角瓦窰頭村"云。為何加沙頭角？

可能他祖輩遷來港前，所在鄉間叫瓦窰頭也説不定，並指新屋後邊一列村屋已二三百年歷史。

✳ 與村民談　津津樂道

跟着他介紹自己從英國回來，很重視鄉土情，熱愛勞動不能停下來，不斷把地台整理，及清理海岸邊紅樹林長草和垃圾，現在才可直望到海岸。有些人妒忌，以為他有土地野心而停止。但他直言十分豁達，不會斤斤計較村土之爭，認為遲早都因改制而消失。

✳ 村民生活　與日中興

擔水坑村，是六村中較多變化的一條大村，它分了上下村，上村大抵開村較早，有群雅小學，起初只有十數人，後發展成數百人，有新舊校舍。校側小徑可通山咀後日敵修建的戰壕和小堡壘，村內路側及支路可看到二百多年前修建、通頂了的石屋和完整的村屋，可觀察和認識當年的建設風格。蕉坑後的山坡上，可看到由山腳到山腰，都是層層梯田，回想從前務農，因收穫不足糊口，用雜糧充主糧的困苦生活。塘肚下方有正在發展興建大遊樂場工程。

✳ 烏石角靚　切勿走寶

舊閘口外轉入烏石角路，地上鋪的紅磚一直到天后宮，廟祝說已400年歷史，但銅鐘刻民國壬戌年東和墟造，年期晚得多。沿途風景極佳，值得一遊，無六村行，此地將不會被發展。

旅行如能付出一點探求精神，虛心尋求解答，甚麼事物都有有趣的答案在裡面，並不會感到乏味。如石涌凹村，還待探求。

擔水坑上村群雅小學。

瓦窰頭村三百年舊屋。

山咀村後沙頭角方的電視塔。

擔水坑上村街內村屋。

第 2 章

西貢沙田

廢堡何如雪姑居

一個用盡了七巧板圖形砌成的"雪姑七友堡"，精巧堅固，人稱"茅湖廢堡"。印象中它座落荒山中，它在何處？它在茅湖山，是魔鬼山餘脈隆起兩百餘米的高崗，俯臨東海。又是只得"知"字。

原為清兵駐守的通訊瞭望站，意外的精緻可愛。香港出產的火山岩建造，色彩斑斕，圓形大廳……

不知為不知　親探便確知

知之為知之，不知為不知，化不知為知，親探便確知。有云堡在調景嶺，靈實醫院後面。儘管登山口

INFO

長度 5.5 公里

珍貴　★★★★★

難度　★★★☆☆

時間 90 分鐘

交通

去程
坑口鐵路站

回程
坑口鐵路站

圓廳內不特地方闊落，兼且牆上都開巨大的下方上圓眺望窗眼，感覺舒服，無壓迫感。

鴨仔灣

清水灣道

坑口

坑口公路路

將軍澳隧道

寶琳

寶琳北路

寶琳

100

起點

寶順路

寶寧路

終點

坑口

昭信路

200

茅湖山

200

100

五桂山

調景嶺

寶康路

唐明街

將軍澳

將軍澳

將軍澳

翠嶺路

調景嶺

景嶺路

將軍澳

寶琳

將軍澳

環保大道

欣榮街

300

200

100

尋寶路線

https://goo.gl/
JhxKgn

還未落實，一路查探，那怕找不到。於是從靈實車路直上，山坡上有私家路口及拜山路的，都一一踏遍；有隊單車隊員告訴我，警署前那石級就是。適時有對男女先我而至，正擬上山，叩以探堡？正是。於是信心陡增，還有甚麼好擔心呢？

✳ 放眼能望遠　何懼九曲彎

這條通往調景嶺的車路，記得之前駕駛縮水單層巴士，人皆怕被派上，因它路窄而單線雙程行車，加上九曲十三彎，山坡下是山崖。筆者新手不識險惡，好在眼光前望遠彎，已知來路無車，故仍能風馳電掣，毫無窒礙，因而獲得眾人讚賞"揸得好"。那時禿山一個，現今樹高林密，視線受阻，時勢造就了一時的小英雄。

造型可愛的茅湖廢堡方圓結合，加上色彩斑斕的火山岩石，堅固又美觀，倒似雪姑七友屋。

已完成歷史任務的調景嶺警署，今改建為博物館。

頂部塌了，但上落石梯仍見完好，有人攀爬，故予封閉。

❋ 路口終出現　歸根有心人

　　警署前的登山口石級在望，很完整，還有石圍欄，但很快便轉為一般山石路，欄桿用鐵管代替，粗的幼的都有，好在都很穩固和紮實，而且都被人磨得滑滑亮亮。到十字路口，有大網掛在前面，不要轉橫，網下方被剪開大洞，穿網而過；繼續上行，過兩個髮夾彎，接入平路。一個大黑影，前面不就是要找的"廢堡"嗎？

石縫都加灰線，可見建築頗為用心。　這是清朝駐守兵員的起居所。　山石級路，略崎嶇，但不難行。

✷ 與其是茅湖廢堡　何如雪姑七友居

怎樣去形容這建築物呢？它其實不廢，只是不再有它的報訊功能而已。用點美學，帶點童心來觀賞，它倒似是住了雪友七友的小堡，圓形大廳，牆上開了許多上部半圓下部方形的窗，各個角落都可裡外通望。門口是長方，整個頂部可能是圓錐形；方形門洞通去隔壁，整個頂部是金字頂的三角形，是兵員旳起居處，圓廳是眺望出入海口船隻的工作室。

✷ 純粹報訊用　何曾測甚麼

據資料版介紹，這是1898年前為清兵所駐守的通風報訊站，有船來了，使用燈號或煙火向田下山關所站人員報告。因此這堡應是"報訊站"而不是甚麼"觀測站"。今天功能已廢，但因是本港的火山岩砌建，外形結構僅有，已列為一級歷史建築，大清有此精巧遺物，真是本港之幸。

✷ 山頂休憩園地　警署博物用途

再上山有大片休憩場地，山脊路還可通魔鬼山，觀看架設大砲的碉堡。落山則不妨瞭解原先是警署，後被佔用作普賢佛寺，它的最終歸宿，應該是博物館，現正大事鳩工中，連面前地台都翻了起來。但二樓原有碉樓，保留原貌。之前調景嶺線巴士，就是以這警署作為終點站。至於為何有這警署，那又是另一件有關中國史實的大事了。

塌了的頂部不妨冥想為三角漏斗狀的。

作法定古蹟後，已派員看守。

茅湖山上有休憩廣場，難得有林蔭遠景，多晨運客，是附近邨民的假日好去處。

黃宜起子探分明

《不入虎穴，焉得虎子》，遊人多止於上窯館而止。還有起子灣，這樣靚的海灣，黃宜洲，這樣好的村落，祠堂、人情味，怎能不親身體驗一下。

人多貪易，取近捨難。深入兩條水邊村，一已廢，而村民用其碼頭；一半廢，祠堂風景極佳。

因為興建水塘，不少鄉村需要遷徙，但有些村落，非在蓄水區或集水區，也會自然淘汰。著名的東北大村鎖羅盤，六十年代已人去村空，榕樹澳亦人丁單薄，剩得兩老，亦因交通不便，更受海盜滋擾，結果再去時，連門也不鎖了；八仙嶺下的橫山腳，七木橋，從未見過人，燕岩溪上的燕岩村，都是讓藤蔓陪伴頹垣。

INFO

長度 5 公里	
珍貴	★★★★☆
難度	★☆☆☆☆
時間 1.7 小時	

交通

去程
西貢市中心94九巴→北潭涌站

回程
北潭涌站94九巴→西貢市中心

復興橋古意盎然，橋躉十分堅固。

北潭涌藏寶圖

ROUTE

鯽魚湖

大網仔　太墩　蛇　地　坑　北潭涌

起點

大網仔路

黃麞地　保良局度假營

斬竹灣　大網仔路

志輝徑　長山　青洲　小童群益會白普理營

大網仔戶外訓練營　牙鷹洲

海事訓練隊鄢肇堅海事訓練中心　木魚洲　黃宜洲

斬竹灣　起子灣　終點

醫療輔助隊獨木舟中心　青年會青年營

尋寶路線

https://goo.gl/5Gi0Ps

不涉水系　屬自然村

　　那時交通不便，縱使生活增添困難，居民不會申訴請求，只有自求多福，謀自保，如此而已。在西貢方面，北潭涌在萬宜水庫外圍，不是蓄水區，也不涉集水範圍，這裡還有兩條村，仍然留著任其自生自滅。

✳ 上窰已報廢　餘兩村如何

　　上窰村早已放棄，將村造了文物館、灰窰、村屋、生產農具、生活用品，通通留給市民參觀，這上窰黃氏族人，曾要求建造了一條跨溪大橋，並寄予無限希望的名字，把橋叫"復興橋"。這裡還有兩條村的，黃宜洲村和起子灣村，它們怎麼樣了？

北潭溪畔對岸是渡假村園地。

來港初民以造窰燒灰謀生之"上窰灰窰"。

黃姓上窰村民捐出圍村作文物展館。

五福堂門樓內是簇新黃氏宗祠。

見村牌，更見亮著的大紅燈籠，知是活村，能不欣喜若狂？

✳ 非在主路上　行客不知村

　　這兩"村"的名字，在地圖上是很鬆散的，這黃宜洲只是橫跨在路線上，使讀圖者難以確定位置，尋蹤時真的抱了隨遇而安的心態，因此便用最原始方法探路。也因為這兩村（是否有村也不確定）不在慣常用的旅行路線上，（如赤徑），真的問過很多人都不識這裡有村。只一位確實地答覆："起子灣？有村，從這裡直去，下面還有碼頭。"詢以為何從那裡來？則答不是村民，是在那裏工作云。

✳ 喜得黃宜洲　更喜村有民

　　當直行到一個路口，上寫往"白普理"的，便往上試行，竟在到埗前一個岔路口豎有"黃宜洲村"路牌。第一個目標物出現，喜而循之行，落到較為闊落處竟然就是村口，門樓亮着大紅燈籠，大喜，知村仍有人住，還喜是甚有生氣。前面幾間屋已丟空，最裡面一家有多人在活動，整理釣魚用具，還見晾了不少游泳衣物。

✸ 村舊祠堂新　五福堂祖祠

　　知黃姓，居很久，村民介紹村後有祠堂。祠堂甚新，兩邊且有門樓，門樓額書，黃五福堂，聯書：**黃裔紛縈四海，宜家繁衍五洲**。祖祠題：**江夏世澤、宜洲家聲**。詢聯意，指他們係落籍香港始祖。份屬同宗，謹以誠意獻上另聯：**春歸夏郡、花發宜洲**。原聯首一平三仄，尾聯四連平，非佳構。祠堂面對海灣，左方翠綠山巒是黃宜州小島，右方是擺頭墩餘脈，海道狹長，景色令人流連不去。

✸ 起子灣村廢　碼頭運作忙

　　起子灣在黃氏兄弟指點下，更明確了地點與方向，沿出村後小徑，直落到岔口有路牌，斜下，過田間路，彎曲路引向入村台地村口，級下旁邊開有一口小井。村口最大的一間有欄杆陽台，雖廢而未壞，餘屋長滿雜樹。村不大。健行者沿岸道可直出西壩。

宗祠廣場下望碼頭深藏港灣一角，風景絕佳。

還未盡毀的起子灣村，已廢。二樓設有陽台。

上窰村前山神位，旗竿夾上有字刻。

村前有路直落碼頭，至今一直使用。

布袋澳與大環頭

鯉魚門，只能食海鮮，不止此的，有廟、有碑石、岩岸，布袋澳也不止食海鮮而已，三百年的漁村、古廟、浮橋和石刻。城市人，怎能讓它靜靜虛渡！

INFO

長度 6.2 公里

珍貴　★★★★☆

難度　★★☆☆☆

時間 2.5 小時

⚙ 交通

去程

坑口鐵路站16綠色小巴→布袋澳

回程

清水灣大環頭路站91九巴→鑽石山鐵路站

布袋澳三百年舊廟，不及海鮮檔馳名，背靠俱樂部，面對恬靜大環頭，沙岸小灣人家。

布袋澳，由石角頭和胭脂岩半島相夾，外窄內闊，形如布袋，路過都見到海面，滿是魚排浮屋，只知那裏像鯉魚門為嗜魚鮮老饕去處，少旅行者探遊，今線設定由布袋澳起行，實行深入探訪漁村。

筆者試踏海上浮橋，一步一搖晃，雖有搖動但極安全，也是城市人很難得的經歷，必定要試。

布袋澳藏寶圖

ROUTE

終點 大坳門
清水灣半島
清水灣道
大坑墩
清水灣第一灣
大環頭角
清水灣第二灣
岩下堂
清水灣
蝦山篤
石尾頭
起點
大王公
布袋澳
布袋澳
田下山
田下坳
大廟坳
大沙角
佛堂澳
大廟灣
寶鏡頂
觀仔
清水灣

尋寶路線

https://goo.gl/
bQkLex

✷ 村民好客　屋接浮橋

　　小巴站就在村口，接觸村民都友善好客，樂於回應，不會拒人千里外。步向村行，發覺他們居住空間很大，都可以向海發展，只要在浮排上搭上房屋，用浮橋連接即可。向大海討地，不受拘束，羨煞陸上蝸居人。

千萬別小覷，古廟已350年，可見村更古。

✷ 浮橋試踏　感覺新鮮

　　穿過寮屋，踏上用塑料箱連結，上鋪木板的浮橋，一步一搖晃，但每步都踏實，是非常罕有的經歷。村巷有一家門口擺了幾個大鐵蒸籠，説是蒸年糕用，還有幾個電力推動的石磨，把米磨成漿。村民解釋，每年只用一次。居民除了捕魚，還撈昆布，清洗時像扭衣服般，乾淨了曬乾送到市場賣。兩家很大的酒家，以海鮮為主，魚池上養著少見的很巨型魷魚。

一灣布袋水，映照兩岸村。

海灣景色，寧靜宜人。

曾在此午飯，魚缸有巨大魷魚，都是活生生的。

稍出大廟後有宋代古石刻，字甚清晰。

南堂大廟，形制講究。

✺ 洪聖宮古　布村亦老

布袋澳廣場上有一間洪聖宮，康熙初年建的了，不叫古廟。從碑記中，知康熙三年（1663年應是遷界而未復），嘉慶22年（1817年），光緒9年（1883年），宣統3年（1911年）屢建重修，則可知此村成立已久，350年以上了。今廟貌頗新而形格猶存古貌，值得留意。

✺ 天后大廟　宋時石刻

從布袋澳道重上清水灣道，大廟近在咫尺，當然乘機探訪，廟貌甚新，似是重修完畢，廣場下仍有工程。大廟是本港最早最大的天后廟，宋時林家女兒，護海航，拯海難，被歷代皇帝勅封由夫人到天妃，而到終極的天后，受三跪九拜禮。（拙作《香港行山分級路線300條》有介紹天后詳情）面對的水道，因天后廟而號稱為"佛堂門"，對面是東龍島。

✺ 過坳風特大　適合放模型

沿路上行，過田下坳，新建風雨亭，旁有釣魚郎模型，惜未正式啟用而咀已毀。此地因地形夾聚，有過坳而來的特強風，甚受放模型機者歡迎，假日連群結隊，比賽競技，歡樂氣氛甚濃。

✳ 筆者曾建議　清除灘上石

　　下坡後到第二灣。此為九龍居民夏天最愛泳場。走下訪探，所有棚蓋地面都作翻新，今夏當有新面貌。此灣本來在灘上及海水下，都有幾叢岩石，作者曾去信曾蔭權特首陳述，妨礙泳客安全，應予清除，後回復得知將於泳季結束後有行動。今天所見的海灘寬闊，再無岩體大石，灣邊碎石亦告清除，壯觀得多！現又改修遮蔭設施，當更受市民歡迎。何妨考慮再大加發展。

大廟下碼頭，誕日祈福漁舟極眾。

✳ 大環頭村　似武陵源

　　續上有路下第一灣，旁邊從大環頭路，直入可到大環頭。大環頭要走回頭路，因而少人到。其實這裏一灣如月，前望大小清水，風景極佳。灘後都是小屋人家，家家門前地堂，有悉心佈置的，小長桌一張，方椅椅角，長梳化一側，旁伴開花含笑，看來是戶外休閒小天地。戶外有清水灣流，真是世外桃源。村民劉姓，祠堂門聯有**彭城世澤，祿閣家聲**。客家人家，與布袋澳相若，都來此300多年了。

大環頭村與布袋澳同古，村屋故亦極具古意。

大環頭環境清幽，沙灘細而灘石礫，不受泳客歡迎，要發展需加意整理。

白沙澳南山採荔

西貢郊野公園，分西貢東和西貢西，人多趨向東，東交通方便，巴士直達。但西貢西亦有很多靚地方，好環境，搭多次車又何妨？

> 懂得到此，已是幽人；走到荔枝莊，更是高人；除小村人家，流岩遍灘，屬地質公園部份。

INFO

長度 7.2 公里

珍貴	★★★★★
難度	★★★★★

時間 2 小時

 交通

去程
西貢碼頭7綠色小巴→海下白沙澳青年旅舍

回程
海下白沙澳青年旅舍7綠色小巴→西貢碼頭

白 沙澳，昔日的印象是破落的，殘舊的，轉角舊屋二樓，還傳出有呼號嘷叫，似是病態者的特有叫聲。今日，白沙澳怎麼了，而可告慰者，路線靚極。

纏藤把屋全遮蓋，人跡久疏了。

ROUTE

白沙澳藏寶圖

海下灣

白沙澳
青年旅舍

海下

白角仔

大白角 渡輪碼頭

明愛小塘
賽馬會

担柴山

南山洞

終點

起點

白沙澳
青年旅舍

雞嫲峒

蛇石坳

尋寶路線

https://goo.gl/
TZvoBO

白沙澳

老虎騎石

猴塘溪

大磡

黃石水上
活動中心

✵ 海下西貢西　赤徑西貢東

　　從西貢西需專程乘海下線小巴；車入北潭道，過了高塘，轉入海下路，過猴塘溪門樓；直抵海下前一個站，寫明"白沙澳"的路口落車。

✵ 蕨葉是國葉　奇偉是國鳥

　　有一隊人約十餘眾快步而入，殿後隨之。石屎路，雖微雨而不滑，兩旁有欄，或網或欄，林中伸出大叢蕨葉，昔人稱為黃狗毛，摘其塊莖中生出的金黃色幼根，壓於流血傷口上，稱可以止血，梧桐寨瀑布道上頻見，在新西蘭的公園更多，而且非常健壯，因是新西蘭"國葉"。奇偉鳥則是他們的國鳥。

白沙澳路旁蕨葉，亦新西蘭國葉(花)。

屋後擁有碉樓，惜被亂林侵佔。

南山洞村口的修路紀念碑。

南山洞村前草坪有完好石磨一座。

南山洞有洋人居住，屋子喜髹全白，右鄰舊屋顯得殘破不堪，已無人居住。

✳ 交通縱不便　多有洋人居

石屎路又闊又平，色澤帶淡淡橙紅，很有好感。鐵網後出現廣場和橙紅建築，是青年協會的會堂之類建築物。之後出現了白白的美觀的房舍，不是一家，而且左右隔籬都是，有點似希臘的白屋小島。原來是洋人租住了，都把屋髹了白，看來新潔很多。門口都長了觀賞植物，轉角處門前常青藤纏滿棚架。後面高台一排平房倒未見改動過，屋後從未引起行人注意的碉樓，依然屹立，依舊的格式，霉舊的色調，固守着老樣子的執着與堅持。翻新後的雪白有生氣，灰舊的老態龍鍾，兩者我取其前。

✳ 田園居不易　今人難上難

村屋盡處，緊連大片已開耕田隴，顯示這裡仍有人眷戀着田園居的生活，這些生菜、葱、茄子，佐膳做菜，吃得安心。整片農田都圍上綠網，不可以防人，但是可防鳥。

✳ 造路紀念碑　多謝有心人

路少許上斜，路邊樹下有石碑，頂部成三角形，上書"福有悠歸"，係 KAAA 造路紀念碑，1959 年 5 月大埔理民府立。該年代鄉村路係得到一位熱心公益的嘉道理襄助建造。多的是在路末端刻上 KAAA 字樣，但翻修時便被除去。而特立碑石，保存較久。

✳ 溪路時左右　南山居洋人

　　路傍溪行，時左時右，故路亦時東時西，溪大而深，但流水未豐，不聞泉響，環境則極之幽靜舒適，空氣充滿陰離子，使人舒服。過閘水堤不久，岔口可入一山村去，即南山洞了。村位高台上，左方白屋洋人所居，右方舊屋今仍廢置。白屋非常整潔，門口大太陽傘下有長桌，台下方有蓄水池、石磨，平平草地種了觀賞植物。昔日只路過而不知村。今見仍有人居，相信只有洋人才有這種堅持，因實在太不方便了。

✳ 直往荔枝莊　南山可折返

　　村口有指路牌，前行可往荔枝莊和深涌。我沿路直到荔枝莊去，村口有石絞一份，二合一可用來絞蔗。直出海邊有碼頭，疲者可候船返馬料水。荔枝莊後，勇者可直趨深涌，然後於深涌候船歸。荔枝莊海岸上，除有高高舊碼頭，還有大片火山噴發的沉積岩，六十年代已見摺曲奇岩，今列世界級遺產了。

荔枝莊村更深入，好在村外有碼頭。

荔枝莊海岸上的縐摺凝灰岩。

荔枝莊村屋一景。

荔枝莊村中祠堂，有翻新過，型制較之錦田鄧氏者簡陋。

東壩石畫夠豪雄

踏入西壩後，便進入糧船灣洲。沿路平坦，放心尋找山巒咀角名。來到世界地質公園，勿忘脫鹿角。

世界已發掘之六角柱群，可見面積以東壩景宏偉，其實挪威北岬半島層頁岩，亦極壯觀。

香港地方細細，人口已七百萬；爭拗也很多，看今天的人的性格，也多趨於自利。但對捱到今天年紀已一大把的人來説：他們眼見歷盡滄桑的香港，他們與香港一起成長，對現今香港的情況特別有感受。

倒夜香的歲月，"樓下閂水喉！"嗌破喉嚨的歲月，隨著大水塘的興建，船灣淡水湖一個不夠，再來一個萬宜水庫，香港就像容得下七百萬人的方舟，它載我們經歷過一個又一個風浪，儘管把我們拋到了喜瑪拉雅山峰頂，還是安然渡過。

INFO

長度 3.2 公里

珍貴 ★★★★★

難度 ★☆☆☆☆

時間 70 分鐘

✸ 交通

西貢

節省時間可在西貢市中心乘的士直抵萬宜水東壩（新界的士約 $110）節省金錢可在西貢乘小巴 7、9 到北潭路轉乘的士（新界的士約 $70）

的士

回程建議電召的士

破邊洲、花山、防波堤三位一體。

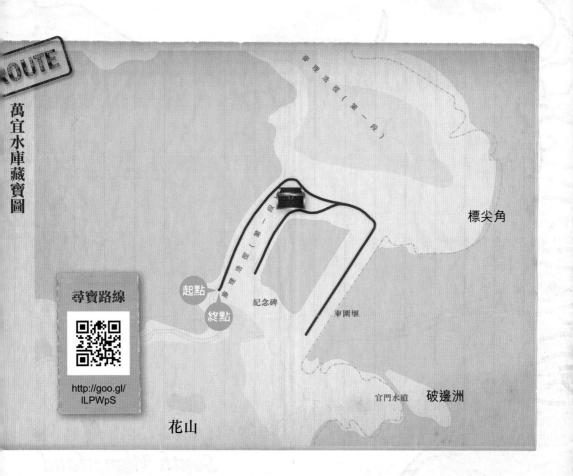

破邊洲浩徑（第一段）

標尖角

麥理浩徑（第一段）

起點

紀念碑

終點

東圍壩

尋寶路線

http://goo.gl/
ILPWpS

官門水道　破邊洲

花山

✳ 攔海造湖　再闖高峰

我們興建了一個值得驕傲的全球首個攔海造湖水塘，又在官門海峽或者叫官門水道的兩端，造完西壩再東壩又如何？只是多加些建築費而已。那時一切都很順利。

於是1971年便在元五墳與糧船灣北角之間，標尖角與花山之間，先後圍堰抽水挖泥，打樁造壩了，到1978年，高110多米的大壩出現了，它竟然在世界稱為一哥。香港又創一奇蹟！

東壩的精華段，曲柱成地質教材。　　　　　　　沒有造大壩不會有此天然壁畫。

沿途海上咀岬造成風景變化萬千。

✿ 三重水奇景　只香港出現

　　東壩下面，為防海浪衝擊，一條壯觀的由2,800條石屎構建的雙T式巨型錨式弱波堤，攔佈在東壩外，造成一個緩衝池。它可防止海水直接滲入堤壩，將湖水加鹹。於是，出現一個特有的三重水奇景，第一重湖水，水位最高，第二重水是緩衝池水，次之，第三重水就是最外面的海水了。這是全世界只有香港的萬宜水庫才出現過的"三重水"奇景，可媲美東京皇宮的"三重橋"。

　　建造萬宜水庫，也締造了公路網的延伸，經市區一路延伸到大海中去，不止，還過了海，伸到海島，而且一直到島的岬咀盡頭去。

　　也就是網絡的開拓，為我們提供了方便，說起來很誇張，車子可到花山腳，車可到達浪茄坳頂，車可落到大壩緩衝池邊，駛到天然壁畫的腳下。真的不可思議。

龐大的溢洪碗難得滿溢。

壁下遊人變得細小。

火山岩柱近影。

❋ 大地仁慈　人卻爾爾

如果喜歡步行，喜歡安步當車，最好還是步行。從北潭涌上到坳右入西貢萬宜路，看植物看山，看湖中的山形變化，體驗滄海桑田的道理，來到元五墳的轉折點，是三份一路程左近，約需1小時，於是踏入西壩，下一個有山峽相夾的地方，又約三份一路程，然後，餘下1個小時便可到達花山腳和東壩下的天然壁畫面前。這是世界級的地質公園，香港這彈丸之地，竟然有這麼大範圍的火山遺跡，可想到億萬年前，當火山噴口在這裏肆虐時的恐怖環境，甚麼動物包括人類都難以逃命。可幸今天的香港，似已經與火山無緣，與地震也不沾上關係，大地對香港人的確仁慈。不想再傷害生活在香港的人，但生活在這裡的人，卻似乎活得有點不耐煩，要找人去鬥爭一下才快活。

水乾露出石岸。

萬宜水庫容水量達2.81億立方米。地下有千絲萬縷集水隧道網絡匯聚到水庫中來，連船灣淡水湖也可轉水到水庫去。而水庫地底有巨大直徑（13呎）輸水隧道，由北潭涌，橫貫西貢半島，出大環到達沙田濾水廠。工程浩大艱辛，我們邊行邊欣賞湖光山色時，不妨緬懷一下水庫的工程建設。

由緩衝池旁邊車路落防波堤，左方山咀就是標尖角。

湖中留有陸地成為山咀。

探名灣兩灣連賞

這是一個足以令你鍾情一世的海灣，它擁有一級沙灘、一級的浪、一級的呷咀，一級的風景、一級的寧靜。

> 水清沙幼，西貢東之大浪四灣，有玻璃水之稱；石澳與清水灣庶可企及，淺水灣在孫山外。

沿着石徑，逆向步入麥徑二段，向赤徑下行。這裏是北潭凹。北潭凹是北潭路中央一個高點，約高近300公尺，從北潭涌口起計，到這有三公里，一般就算健行者，也會乘94或96R到這裡下車，方才起步。

在此，展開一個使你認識從未認識到的，絕不敢想像過的香港的旅程：原來香港有這樣的地方；太美妙了！

INFO

長度 13.5 公里

| 珍貴 | ★★★★★ |
| 難度 | ★★★★★ |

時間 4 小時

 交通

西貢市中心
西貢市中心94九巴或鑽石山96R假日線→北潭凹管理站

北潭凹
北潭凹管理站回程

從鹹田灣過望魚咀落大灣。

北潭凹藏寶圖

赤徑口

藝麻地　東心淇山

蚺蛇尖

西貢東郊野公園

土瓜坪

蚺蛇坳

麥理浩徑　　牛湖墩

北潭

白普理堂青年旅舍
沙頭

林屋園

張屋園

大灣

麥理浩徑（第二段）

北潭凹

起點　終點

赤徑

北潭郊遊徑

麥理浩徑（第二段）

北坑

大浪坳

大浪

龍尾頭

大蚊山

鹹田

大輋嶺墩

西貢東郊野公園

望魚角

尋寶路線

牌額山

大浪

雙鹿石澗

http://goo.gl/mqHYRo

井底潭　　石棚道

鹿湖

夾萬坑

鹿湖

四疊潭

田尾山

千絲瀑

螺地墩

✵ 懷著想像　懷着期盼

　　越心急，越期望，時間過得越慢。只因沿途風景使你分了神，下面東心淇海灣，碧水如玉，高山下，海灣傍，樹叢中露出白屋，還有碼頭伸到海中，是白普里的旅舍，點綴得海灣更有生氣，它後面的高山很有氣勢，尖拔的山峰，挺秀凌雲，有不可一世的樣子。是否要爬上去呢？倒想一試，只是，還是免了吧！是的今天不要上，要上，改天吧！因為那是大名鼎鼎的蚺蛇尖，沒有一定的身手和時間怎可對付？

✵ 落赤徑　望蚺蛇

　　一個髮夾灣後，便落到赤徑村。先是從前的耕地，後來棄耕成了野牛和年輕人露營點。溪旁水濱長了灌木和馬夾子，都快高長大了，簇擁得李氏宗祠躲在林內，只露出半個身形。繼續轉出海邊，矮屋中內藏一

真真正正的大灣，是大浪大灣。

踩完沙漠過鹹田木橋。

橫伸入海石碼頭。

個私家碼頭，士多時或停業。街邊自來水喉可隨意開喉盥洗。外面一個更大的公眾碼頭橫在水上，從前就是在這乘駁艇才搭上油麻地船的。

✳ 上赤徑坳　落大浪村

長命斜直上高150米的坳，有點吃力，但是，轉眼落坡就變得舒服。路口是大浪村士多，終年開檔營業。沿村屋前行，出到沙漠地帶，從前這裡有大叔趕著水牛翻田，準備春耕。現在人去牛也樂得清閒，水田也變得被幼細海沙填得厚厚，使人感受和認識甚麼是沙漠。外面，就是同樣響噹噹的鹹田灣，灣盡處是咸田村。

✳ 山水流成溪　木橋變景點

一條溪水攔在村口，相當闊，水也深，不能強渡。村民用木搭簡陋木橋，行人在"震騰騰"下渡過橋。鹹田村似乎成了商店，茶麵自然少不了。但佈置都很清雅，令人讚賞。穿過店中，接入登山口，環境驟地不同了，似乎走入大山中，其實這就是分隔鹹田灣和大灣的望魚角。

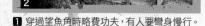

1 穿過望魚角時略費功夫，有人要彎身慢行。
2 大浪村的舊村屋。

✳ 望魚角上　居高臨下

前面突然人聲鼎沸，行進停滯不前。原來先行者已臨近山緣，只見下面出現壯闊畫面，巨大的海灣，沙色雪白，深綠海水，湧出層層白浪，由外邊向沙岸推湧來，非常壯觀，都看到目瞪口呆，站著不動；攝影機自然爭相尋找有利位置，因為除海浪壯美外，左方一列長長山岬，伸入海中，這就是著名的長咀，主角自然少不了它。落山一節，因山石崎嶇，粗繩一條拉著備用。

✳ 東南風起　白浪千層

這就是大浪群灣中最大的大灣，面對長咀，兩相輝映，構成圖畫，構成與城市迥然有別亦極罕見的自然景色，令城市中人大開眼界，記入腦中，永不忘懷！成世人也津津樂道。

在岩堆中蹓躂，尋找景點欣賞海浪，然後轉入龍尾村經大浪村，回赤徑，其一可從旅舍碼頭候船，另一步行上北潭凹，身體或覺疲累，但精神肯定愉快、滿足，頻呼值得！

1 赤徑海堤路上，景致如詩如畫。

2 舊牆兩堵，頗有古味。

一家門口，標示"上天之門"。

3 海沙入侵使耕田變成沙漠。

鹽田梓近探鹽田

上岸聞香買食物，可幫助經濟。中途有上有落，
但不劇烈。優悠探索，參觀鹽田拍照。

INFO

長度 1.5 公里

珍貴　★★★★★

難度　★★★★★

時間 1 小時

　交通

西貢碼頭
西貢碼頭街渡→鹽田梓碼頭
（查詢電話 2719 0966）

鹽田梓
鹽田梓碼頭回程

> 香港有鹽田遺跡，東丫有泵水曬場，鹽田
> 梓有放水浸田，皆港所未見生活風貌，不
> 應錯過。

鹽田仔今天叫鹽田梓，字不同，發音近似，村細，
島亦不大，本來有堤與鄰島滘西洲相連，可得
互補，但滘西洲自從發展為高球俱樂部後，即將連堤
封閉。好在這小島不會越來越荒蕪，反而似得企嶺下
的榕樹澳，有越見繁榮景象。這與村中父老肯落心機
去為村務發展有關。遊罷不會失望，只會滿懷祝福。

鹽田仔有鹽田兩字，是否與曬鹽業有關？全對，
村中果然有小塊的鹽田遺跡，因鹽田不大，只能叫仔。

船過火石洲，岩洞處處，裸露的岩石，處處顯出火山過後痕跡。

石洲

鹽田仔

鹽田仔避風塘

起點

終點

罐杉環

芒洲仔

露綺莎
渡假營

尋寶路線

http://goo.gl/
6zELJN

村民祖先稱居香港前，就是從事用鹽田曬海鹽行業，陳氏居民在這裡落戶後，重操故業，不忘本，把這地方也叫鹽田，而因規模細小，謙稱為仔，就是鹽田仔的起源。

鄉村小食　香氣撲人

　　船靠碼頭，著名的鹽田仔小教堂，矗立山崗高地上，牆壁新潔，有好感。岸上一列家庭小店，就在門前廣場橫列，擺出各款小手工製品，引得一眾好奇目光；特製鄉村小食，各式糕點；最引人的是炭爐上烤出噴鼻魷魚香味，引人垂涎，有人急不及待已捧著一袋大嚼，滋味無窮。入村，村口有大樟樹，樹下有"鄉誼茶座"，名稱

船出東海砧板石，便是駛出了港口。

高處下望碼頭。

滘西水道上停了許多遊艇。

別有心思。太陽傘下，手持獨木舟槳健兒，個個英姿颯颯，整裝待發，這小島還是個獨木舟中心。

✱ 名人故居　風格特別

過茶寮，下望是一列廢田幾方，有水灌入。知者已道出這就是這裏以此為村名的鹽田了。緊接著是兩組有名的建築物出現，一座是陳丹書神甫故居，另一是陳志明主教祖屋，前者全屋髹上綠色和淺綠色的草花，有

樂可可風格，非常誇張，後者是與一般村屋無大差異。

✱ 廢屋當街道　似到以弗所

路斜斜向上轉彎，抬頭，使我大為驚異，以為到了外國，走到土耳其的世界七大奇景的羅馬廢墟以弗所去。一所破敗了的磚屋，頂已塌，剩下間隔磚牆，橫排豎立，雖然規模細了，風味是甚為相似，急忙定一定神，讓靈魂返回軀殼。

村口的鄉誼茶座頗雅。

破牆幾片似古羅馬廢墟。

高處教堂，碼頭亦有十字架。

❋ 鄰島滘西　隔水相望

　　路續向上斜，觀景亭人流聚而不去，原來在此都向鄰島滘西洲眺望。下面是一水之隔，對岸是滘西洲，都是已被開發，經過修整的用作高爾夫球場的草地，不再是雜亂莽林，而是平滑的綠油油的草原一片。這是發展後的所呈新的面貌，雖然這是人工的美，在筆者的唯美觀點而言，是不會大加反對的。整齊而美觀，總比亂草叢林好。

遊者爭看滘西洲環境。

❋ 玉帶銀橋　武功被廢

　　與滘西相連的玉帶橋，因對方已加封閉，故只觀望拍照而罷。返到村中心，需經過鹽田，急急拍照，然後再上高處探訪小民族館和教堂。此教堂堂中無神甫講經壇，無天主或耶穌或聖母像，當中掛大幅紅色掛帳，似辦喜事，或似神廟，但亦無神龕。

　　筆者對各宗教所知無多，亦不願深究，謹就所見報導而已。

玉帶橋上試步。

鹽田梓上鹽田仍灌了水，似仍在運作。

涌沙校杯猴塘橋

初段即入密林但有級路。中段較開朗落山崎嶇。
溪橋梅花椿堪賞細心感受、體驗。

涌沙頂有校杯石，担柴山有担柴石，但尋
而不獲，其實即不在擔柴山之校杯石，山
下灘岸尤美。

INFO

長度 5.5 公里

珍貴　★★★⯪☆

難度　★★★☆☆

時間 1.5 小時

✳ 交通

西貢市中心
西貢市中心94九巴→高塘站

高塘
高塘下洋站94九巴回程

就是海下路上老虎騎石入口的地方，橫過海下路
到對面，樹林中有一條上山的路。這條路是最
容易最迅捷的方法，去到著名的校杯石去。

✳ 屹立山崗　下臨海濱

這校杯石，非常神肖地屹立山崗一側，向下俯望，
是接近海邊，面對黃茅角一個小沙灘，就是鄰近獅地
的地方。因深藏於灣內，環境顯得清幽寧靜。靜，顯

沙灘潮退，摸蜆、拾蟹，自得其樂。

ROUTE

西貢高塘藏寶圖

海 下 路

涌沙頂

老虎騎石

獅地

猴塘溪

大灘

高塘下洋

終點

黃石

黃麻地

高塘

起點

尋寶路線

http://goo.gl/
UmeZNq

登山口在海下路上。

走入密林中。

魚貫而行。

示人跡少至，少人行，但又會引伸出另外令人不快，不願見到的問題。

✷ 交通困惑　遊者稀疏

　　就是因為在西貢西，偏離了主要公共交通網，改由輔助交通擔任主力，遊者的不便，就是要付出較多費用。或與前文所述，採用腳行，反正都是來行山，正要找路行，就當這是行山一部份吧！於是三刻鐘的額外路程，就得附加上去。從高塘站來，是全程向上的斜路，是要有點心理準備。

　　行山，不能長期要求腳踏石屎馬路，不能長期要求別人先把路剪除雜草，使行走得舒舒服服。假若習慣如是，就難以對付會突然出現的複雜環境了。

　　這裏的路，開始是石級的，不消10分鐘，便是泥路了。路是少人行，因而橫枝雜草隨意生長，把路面也佔了。不要緊，反正前頭的人都把草踐踏過，而伸出來的橫枝，正好用來拉它一把，作上山時的助力。因此，一雙勞工手套便可派上用場。大隊魚貫而行，也不會有爭先恐後現象，踏著前人的步印前

行，不虞有失了。落坡時，手杖也可派上用場，幫上點點助力，防止跣滑。

✷ 泥石路相交　疏密林相間

　　10分鐘的石路，轉入寬闊泥徑，轉右，靠左邊有大石屏路，行一段，便入疏林密林，又10分鐘，總共不到一個鐘，便上到一個高地，迎面出現不願看到的一個觀景台，只餘破敗石屎壘，金屬鐫刻的觀景版被人成塊抬走了。這裡就是涌沙頂。

　　出現另一種現象，就是地上有不少的子彈殼，不是以前見過的七九步槍般粗，只及原子筆桿般幼的。人們拾了，都放到這報廢的景板石枱上。校杯石在不遠下方。

。

有名的校杯石。

特別的石塊砌成的石級路。

這種梅花樁已買少見少，好好享用。

❋ 校杯有石在　擔柴何處尋

　　校杯石兩頭尖，外型橢圓，中間對開，極似黃大仙祠用來擲地問卜的校杯。在涌沙頂左上方，即正北位置，有舊名大藍蓋的，七十年代被人加上名稱叫擔柴山稱號，並說山上有一對擔柴石，說是可讓斬柴人借石息肩的，連地圖也把山改稱擔柴山，大藍蓋之名反被掩沒了，英文名的Mount Hollewes自然更不彰顯了。但在此山上找不到此石，卻在相隔白沙澳山谷外的涌沙頂才有類似的一對石，是否後來見石命名者有點移山接石，或張冠李戴而順手牽羊，拿來將就一下呢？

❋ 溪橋喚回憶　美景象仍新

　　落山較上山稍難行，特別近大灘郊遊徑一節。看面前的束心淇半島，滿眼翠綠，近岸潮退，捉蟹人忙。大灘村屋前梅花椿已買少見少，好好地踏一下。猴塘溪上新舊兩橋並存，登時引起60年前環走回憶，溪上無巨

石，油柑子樹也不見，不知是否遭滅跡，出馬路已是高塘下洋有車站。

會計師會捐贈的觀景板被拆走。

由海濱轉上來的路。

舊橋留腳印，問訊已無人

第 **3** 章

大埔

鹿頸古炮烈士碑

今回以東北兩條大村作對象：鹿頸是八仙嶺下山村，背倚高峰黃嶺和犁壁，山那邊就是汀角洞梓，橫跨有徑可通；烏蛟騰背靠吊燈籠，山那邊是今天已很熱門的荔枝窩。初擬從鹿頸陳屋老圍後入山徑而出新娘潭路，但略探後草埔山徑，故改用由公路連繫，或分作兩次細遊亦佳。

INFO

長度 4.2 公里

珍貴 ★★☆★★

難度 ★★★★★

時間 75 分鐘

 交通

去程
粉嶺鐵路站56K小巴→鹿頸路

回程
新娘潭路275R九巴→大埔墟鐵路站

> 邊界鄉村每購炮以自保，獨鹿頸陳村古炮乃海盜所遺，奇聞吧？鄰村烏蛟騰有烈士紀念碑。

鹿頸村的陳屋圍盡處，有巨炮二支，在土地公兩旁位置，一在左方石台上，另一在梯級欄杆下方。

鹿頸藏寶圖

ROUTE

（地圖上標註）
騰頭下
鴉洲
鳳坑
鹿頸路
起點
雞谷樹下
河瀝背
鹹坑尾
南涌河
鹿頸
亞媽笏
新娘潭路
下七木橋
終點
上七木橋

尋寶路線
https://goo.gl/ad4oug

✳ 立村三百載　復村二百餘

鹿頸於300年前清初已有先民到此落籍，發覺前臨灣海，後擁崇山，水源充沛，左右山岬相護，隱而不露，阻而不翳，遂相與眾人開墾，作壆圍田，過蒔禾捕魚生活，時有陳、黃、朱、藍四姓居民，康熙遷廢，復界回歸至今，亦已200多年歷史。

✳ 只聞購炮防盜　竟有海盜贈炮

當年政府積弱，人民淪為盜寇，香港亦屢受海盜騷擾，鄉村致廢，或購炮保村；但鹿頸村卻有兩尊鐵炮，並非村民購置，乃海盜所送贈，而且甚有威名，號稱為"海上霸王"，是否為張保仔所擁有，未有記錄，但確是由海盜所遺留下來的，是否遷界期間，海盜佔據此村作停留，可能到撤離時未有帶走，也說不定。

入口附近景觀。

紀念碑公園入口門樓，座北偏東20°。

烏蛟騰"抗日英烈紀念碑"，座北偏東20°。

石碑記述抗日戰爭始末，1941-1945。

公園門口有工程，準備豎立"烏蛟騰村"石柱。

但如此推理則甚合邏輯。這些史實見於炮側石碑所記，是於1994年仍生存父老所言而作的記錄。這些資料正適合本書的"尋幽"所需。

✳ 鹿頸隱而不露
雞谷露而清幽

鹿頸村前海灣，大片平原，滿眼翠綠，入村先徑黃屋，兩家宗祠，再而陳氏宗祠，公廁後左入陳屋老圍，若右斜上就是橫七古道，是八仙嶺山腰有名郊遊徑，直通大美督。雞谷樹下環境清幽，是大環走及金龍脊必經之地。

✳ 烏蛟騰出發路線
風景靚絕冇得彈

烏蛟騰出發，可至黃竹角咀是一條考牌路線，可環走船湖（早前有人再次在長牌墩迷途），可上吊燈籠俯瞰全港最靚湖區，女王遊輪駐蹕的印塘海最佳位置，繞山環走觀景之佳，無與倫比。但今志不在此，這些路線都需要腳力。

✳ 游擊英勇抗日
可惜壯烈犧牲

重點在於抗戰時代，一段烏蛟騰村民與東江抗日隊伍聯手與日進行抗爭的可歌可泣，值得記住的歷史。在新娘潭路，轉入烏蛟騰村村口，有一個整潔而莊嚴的石欄園區，裡面一側豎有一支方尖碑，上面金字寫著"抗日英烈紀念碑"，在稍為凸起的平臺上，因見碑位向有歪斜感覺，遂與門樓同作一次測量，果然都同是座北向偏東20°方位，可能是風水定位關係。碑無立碑者名署。

✳ 正氣昭日月　義勇凜長存

　　1941年12月8日，日軍魔爪已伸至新界，烏蛟騰村民參加了東江人民抗日游擊隊，共同展開抗日激烈鬥爭。日軍圍殲大小戰爭不下十餘次，卒之圍村並迫村民供出遊擊隊員及繳出武器，村長李世藩挺身而出，遭日軍灌水、火燒、馬踏堅貞不屈，還有李源培副村長等九位同告壯烈犧牲。其事跡值得港人永遠懷念。烏蛟騰村祠心路有李氏祠及劉氏祠，劉氏聯則不忘漢祚，卻不見李氏祠作大唐之後語。

村內的祖祠建築群。

烏蛟騰村內的一個升旗台。

村路上有一組樹根，纏著已遭拆去的寮屋，形狀仍保留。

大炮旁邊石碑說明乃海盜所遺留，右角為父老碑記石，其旁有空位，為另炮所在原來位置。

人文地質荔枝窩

假如你已身處荔枝窩，了不起，你已身在一個世界級地質公園了，真的始料不及，不可思議吧！既沒到機場，也沒有搭飛機啊！

對世界人類影響深遠的哲人，不惜獻出生命，扛著重荷，走完最後一程人生路，奉勸世人……

四百年老村　世界級公園

　　這條荔枝窩村，是東北邊陲一條老村，已有400多年歷史了，在六十年代，還擁有上千的耕田人口，禾熟收割時節，田中戚著一束束已脫穀的禾稈草，成為城市人的攝影對象。旅行人家，大都愛在這裡的榕樹

INFO

長度 3 公里

珍貴	★★★★★
難度	★★★★☆

時間 42分鐘

✹ 交通

去程

馬料水碼頭(近大學鐵路站)→荔枝窩碼頭

回程

荔枝窩碼頭→馬料水碼頭

四億年地貌的黃竹角咀，鬼手岩在海邊紅圈內，遊人登陸遊，陶醉在時光隧道中。

荔枝窩藏寶圖

攀背頂

100

200

200

100

100

起點

終點

尋寶路線

https://goo.gl/
Xw6cxK

小灘

吊燈籠徑

吊燈籠徑

廣場，廟前簷下，作為休憩點，加上該村位處交通要道，遠交近攻俱宜，所以，只要是行山客，無人不知有荔枝窩。

✳ 空心能到老　楓榕竟共生

荔枝窩有不少景點，那條纏在地上打圈，和向上捲起作 α 形的白花魚藤，是拍友的好對象。樹身長個黑黑大洞的空心樹，仍長得很茂盛，這樹在年幼時已被蝕空，但由於仍有木質附在表皮上，能運送水份和養料到樹梢，給葉子得到所需營養，得以維持生命。好像耶路撒冷橄欖園，耶穌被捕的空心樹，2000 年了，到今天仍生機旺盛，長苗結果，榨油足供點燈一年。不遠處，有榕樹種子落在秋楓樹上，生出茁壯氣根，越長越多，直把整棵楓樹像網

碼頭入村後一道華麗門樓迎接。

荔枝窩圍村入口，圍村內分三街九巷。

很有名的空心樹。

楓榕合一，相依為命。

般纏著，變成合體樹，同生是否共死，看以後的發展造化。

✵ 板根環境迫　銀葉成大區

銀葉林一片，成全港最大銀葉區，有特殊生態價值，與孤伶伶長在路邊的板根樹相映成趣，板根是堅硬路面把樹根迫出來的，城市不難發現馬路邊也有許多盤根錯節的自然圖畫。

✵ 協天有關帝　鶴山奉觀音

荔枝窩廟宇廣場決不能錯過。兩座廟宇協天宮和鶴山寺，供甚麼神，請自行參拜認知。隔籬一間是慶春約也曾作教學用途。慶春約為東北七村：由荔枝窩、鎖羅盤、榕樹澳（勿作坳）、梅子林、蛤塘、小灘、牛屎湖七村聯合而成，但費解西流江與三椏村卻未參與其中。

✵ 大炮防盜擾掠　不致早成廢村

廣場上擺了兩門大炮，是它保障荔枝窩村民得以保留鄉村生活至今，要知鎖羅盤村大，亦荒廢最久，榕樹澳五十年乃至六十年代初仍有兩老為居，説海盜頻來，難以生活。以前訪荔枝窩也曾遇有一老婦，説是被賣作童媳，不准離村，第三次到訪已不再見到她了。圍村門樓甚古雅，大榕樹下假日村民煲雞粥享客。

✵ 荔枝窩村　三街九巷

荔枝窩村大，有三直街九橫巷，從400年來一直累建而成，初時建村無規章，亂不成文，後才見條理。從建材也可看到村屋的建成先後，初建者用禾稈與泥椎實而成，後用石塊，再後期用磚，而擲地作金聲的青磚是經燒製而成，耐用得多。今時反而只見紅磚，質素不及遠甚。

從大炮角回望協天宮廣場，食店擠滿了人。

✳ 人文歷史豐富　得成地質公園

　　荔枝窩為甚麼能成為地質公園呢？因它有豐富的自然資源與悠久的人文歷史，最重要是受到保育，也能吸引遊眾，故岩石部份雖少，也被納入世界級地質公園。遊眾就好好觀賞這世界級文物吧，不要辜負香港這件超級寶藏！

如 α 符號巨藤，與流水響巨藤可爭一日長短。

協天宮供關帝，鶴山寺奉觀音。

慶春約是辦公處，亦是小瀛學校，現為食肆。

保留了圍村，最佳是沒有都變了洋房，而是保留原日的鄉村風貌，所以，它能以人文的功能，成就了世界地質公園一部份。而我，更幻想著，是一幅"阿房宮圖"。

慈山洞梓上鴉山

人不識洞梓，但知白玉觀音；人知白玉觀音，不知座落於慈山寺。人會知慈山寺，但若去拜訪、禮佛，非經預約不可，以示一種誠意。

INFO

長度 7 公里

珍貴　★★★☆☆

難度　★★☆☆☆

時間 2 小時

⊕ **交通**

去程
大埔墟鐵路站75K九巴→礦頭角站

回程
礦頭角站75K九巴→大埔墟鐵路站

華人所造佛相，無論釋迦牟尼與觀世音，都佛相慈祥，故瞻仰復出，便心智清明心清理靜。

礦頭角村，名不見經傳，不知有甚瞄頭；洞梓村，該懂了吧！有路就叫洞梓路，那為甚麼不提洞梓而先提礦頭角？因前者在汀角路口，而洞梓則在路中高處。

椽瓦色澤低調，寺宇制式莊嚴。

100

200

100

香港童軍
訓練中心

崇真
青年中心

普門路

礁頭角

汀角路

洞梓山路

洞梓路

船灣

洞梓路

起點

終點

露屏路

蝦地下

黃魚灘

漁安街

沙欄

汀角路

尋寶路線

https://goo.gl/
NjFS8o

洞梓歷史古　礁頭角起行

我們的目的是"搵路行"，自然不會坐車到門口才起步，所以就從礁頭角起步吧！村口有個兒童遊樂場，路過便算，沿着寬闊的洞梓路北行，過了礁頭角村，路口有大字"慈山寺"，這是今日的第一個目標，於是沿普門路進入。

訪寺須預約　法相莊且慈

慈山寺供奉的大型露天白玉觀音，座落於八仙嶺山脈中央最高的黃嶺山腰上。沿著斜路上行，轉到一個山門前面。交過不收費門票，內裡一棵老榕迎客，然後沿慈山大路彎曲上行；抬頭便見白玉觀音出現於遠方，觀音像越來越大，先經一條筆直的慈悲大道，道又闊又長，距觀音座還很遠。可以想想和泰姬陵很相

佛在深山中，河道向山行。

背枕黃嶺，寺號慈山。

慈悲大士，正施法水，普救世人。

歡喜地中，前殿與長廊中聳立的鐘鼓樓。

洞梓復建的觀音古廟，位於高台上。

似。泰姬陵前方是長水池，兩旁棕櫚樹，慈山觀音前面是"慈悲大道"，兩旁種的是十八羅漢松。

✦ 手持智慧珠　瓶施法雨水

觀音像是青銅造，因外面用先進的白色氟碳自淨噴塗，不但潔白，兼且堅固持久。像及蓮台共高70米，石基座6米，合高76米。像的設計也配合了視角差異，稍微俯視，顯示觀音慈悲為懷，關視眾生。髮際現阿尼陀佛像，寓意具無量法力庇佑眾生。右手持智慧寶珠——摩尼珠，左手持淨瓶，正施灑淨水。使過其座下眾生，都能沾淨水，到達清涼世界，得到觀音的庇蔭。

✦ 水盂代燒香　供水長施水

蓮台前有青銅大水盂，叫"千處應"，參拜者不必燒香，也不准燒香，寺方提供精緻木盂，用竹勺從活水池中，注入盂內，雙手捧着，邊行邊禱告，到像前將水注入"千處應"內。

✦ 參佛固以誠　造佛亦需誠

大雄寶殿與山門成一直線，當信眾踏入山門，表示已將貪、嗔、癡一切俗慮解除，得大解脫，而到達"歡喜地"。參拜觀音，固需以誠，建築佛寺，工人亦需齋戒。苟有食葷，不惜挖起重新鋪砌，保證佛地不被玷污。

✳ 佛陀生道滅　樹相可稱名

　　大殿面對左鐘樓、右鼓樓，下為彌勒佛與韋陀護法殿。據知本來種了有關佛陀出生、成道與涅槃有關樹木，且由斯里蘭迦總統把從母樹分支出的子株親帶香港種上，惜無緣識荊，深表遺憾。

　　從圖片細看，鐘鼓樓側有高樹一株，是否即斯里蘭卡送來的釋迦牟尼樹，有機會宜查探一下。

✳ 洞梓廟亦古　鴉山入山前

　　洞梓路再上，村有廟齡三百觀音古廟。後毀。重修前有張氏得夢助建，尋至建築中古廟，樂助80萬金，2011年重光。船灣十一鄉主席葉志良先生樂將此廟捐予聯鄉公有，廟貌今見一新，龍柱精雕，葉主席好友鄧先生更為廟添畫蓮、柳、竹圖案作浮雕放模製。洞梓路直通鴉山。鴉山上有攔水壩，環境甚佳，村側有路可上山亦可通往沙螺洞村去。有健行者直撲山上行，真是羨煞。

寶座鵝黃色，居中有慈航。

1 騰雲龍柱，畫棟雕檐，香案供案，俱雕蓮竹。

2 鴉山有水閘，收集山溪流。

3 勿謂鴉山細，路細通崇山。

攔海造成船灣湖

香港人不要妄自菲薄，地方雖然細細，但建設有時會有創世紀之舉，船灣淡水湖的攔海造湖就是。

> 船湖如海，繞行一週，頗耗腳力；景色之壯美，頗類米爾福特灣。有人謀作居住區，浪費吧。

在一次閒談中，土瓜灣工地掘出宋朝古井，話題於是由古時的食水供應，再轉到香港的水塘建設問題，於是一下子便談到香港曾經鬧過的四日供水一次的嚴重水荒，再引到香港建造全世界首創的攔海造水塘的解決水荒計劃。

✳ 山明水秀　人傑地靈

這個水塘就是位於大埔大美督的船灣淡水湖。這個週日，就以這個水塘作為活動點。

INFO

長度 6 公里

珍貴　★★★★☆

難度　★☆☆☆☆

時間 1.5 小時

✳ 交通

大埔墟
港鐵大埔墟站75K九巴→大美督總站

大美督
大美督總站回程

第二觀景台，湖景儼然外國著名峽灣，香港景緻必有過人處。

船灣淡水湖藏寶圖

大美督

大美督渡話活動訓練中心

喬峰山莊

ROUTE

起點 終點

大美督圓尾路

大美督

香港女童軍總會樂者臨海上活動訓練中心
百勝理菁年基金
香港學校風帆協會
大美篤水上活動中心

尋寶路線

http://goo.gl/
VuTrmr

馬屎洲

　　出發當天，密雲不雨，有風不太悶熱。乘75K巴士，經大埔墟火車站到大美督總站。巴士站牌卻掛著龍尾兩個字。這龍尾就是灣下的泥灘海灣，有發展商看中了，想在這裡發展，引起龍尾村居民強力反對，膠著。巴士轉入汀角路線，沿着一邊是八仙山脈的高山，一邊是房屋、工廈的道路前進，遠方是有山的，那是馬鞍山，但離這很遠很遠，沾不著邊的。有人説：香港原來有這麼多好山好水，以後要多些出來走動了。

✳ 老鼠生肖　騙來首位

　　落車後，過馬路對面行，到水上活動中心的對面，有一個登山口，有牌寫著"大美督家樂徑"，對了，就在這入口。有人説不是到淡水湖去嗎？別吵，等會即有分曉。

　　上了級，即有個"老鼠"生肖牌，這是十二生肖徑了。有人已知道了，"這老鼠是騙回來的"。

綿延二里大壩首創攔海造湖，建壩時所用舊式測量柱完好保留。

✳ 一堤分隔　右海左湖

上到平台有岔口，一左一右，肖牛柱下加上右箭咀，應從右方上級，到轉角處又出現第三個生肖羊，同時草茂林豐，似路不通行，好在極探之下，路轉彎走，沒被騙倒。路向上斜，彎而有級，到達第1號平台，方形測量柱在草叢中出現，出現於再下方的，是眾人看了無不嘩然的，就是一條長長巨壩，從這方一直延向彼方，望瞇了眼，這就是船灣淡水湖的大壩，也就是攔海成湖的這一條壩了。

✳ 偌大工程　八年完成

壩的這邊是大美篤，那邊是白沙頭，全長2,110尺。那時因發生超級旱災，四天供水四小時，破天荒提出攔海造湖計劃，1960年動工，1968年完成，未全抽乾，天天下大雨使水塘加大了存水量，於是就索性開始供水了。港人在捱著喝鹹水的生活；而為了提高水塘存水量，非常幸運地只把堤壩加高3.7米，溢洪壩提高5.2米，於是總水量便由1.7億立米提升到2.3億立米，接近原來的一倍。香港又創另一奇蹟。

第三觀景台冒出八仙嶺全景。

最末觀景台，遠方白玉觀音飄然自天而降。

特式海濱休憩亭。

海上小舟正等待遊人，左上方高山，就是大名鼎鼎，無人不識的馬鞍山。

亭陋，但景極靚是2號台。 生肖木柱是本徑特色。

✳ 外國有峽灣　香港有船湖

　　走下平台，過龍柱後，上到2號台一個簡單的風景亭，有椅，面對的橫嶺山下曾有六村遭遷徙的命運，筆者也曾在水塘已乾未注水前，隨千景堂主繞走過湖底一次，現在廢村都在湖底，當時六村居民都搬到大埔墟新造"陸鄉里"重新生活。現在湖面非常浩瀚、明靜如鏡，色綠如翠玉，新西蘭米爾福特灣，挪威峽灣不過如是，未到過那些地方的朋友，不妨感受凝想一下，原來香港竟也有媲美外國著名勝景的地方：外國有峽灣，香港有船湖。

右路上左路落。

✳ 八仙呈現　觀音下凡

　　看罷湖景，再上另一個平台，驀然出現竟是整個八仙嶺擺在眼前，另一方黃嶺下，白玉觀音飄然自天而降，更令人心境一片平和。這裡每個台都呈現一幅畫般景致。朋友，好好欣賞，別浪費掉。然後再往大壩走去，細味香港人的假日生活。

大壩上常見活動，放紙鳶與騎單車。

世界地質馬屎洲

香港於今擁有世界地質公園稱號，得來不易，乃當事者努力不懈之功，亦港人之光，應詳加認識。

> 小小洲仔，原來陳列著許多地質面貌，可以上升至世界級水平，真個要另眼相看了。

INFO

長度 **6.4** 公里

珍貴 ★★★★☆

難度 ★★☆☆☆

時間 **2.4** 小時

✳ **交通**

大埔墟
港鐵大埔墟75K九巴或20K小巴→三門仔站

三門仔
三門仔站回程

三門仔這名字，早就印在腦海中，像布袋澳、鯉魚門一樣，是人們專誠去食海鮮的地方。的確，這裡的巴士總站旁，就是一間很具規模的海鮮酒家，來到這裡，自不會讓老饕失望的，自從馬屎洲隨著香港的地質公園，進入到世界級地質公園後，三門仔升格了，馬屎洲之名大大地響了起來，因為它是世界級公園其中一個展區。

於是，從不把它看在眼內的三門仔馬屎洲，也要想法去溜溜，瞭解一下，否則……

連島沙洲沙粗而黑，岸邊岩石，像管弦樂進入高潮時，先有跳動的引子。

馬屎洲藏寶圖

起點

三門仔路

終點

聯益新村

門仔新村

洋洲

馬屎洲

馬腰

牛寮下

鹽田仔

水莣田

劏雞井

馬屎笏

馬屎洲自然教育徑

尋寶路線

http://goo.gl/jQguXT

✳ 75K巴士　直到三門仔

　　大埔火車站旁巴士總站，有一條75K線，是直接通達三門仔的，74K則是到大美督去，只路過三門仔村口，要步行進入。

　　落車處是一個廣場，有大大的教堂，面對涼亭，涼亭下方就是通往馬屎洲去的入口。路標寫明通過三門仔新村前往。沿之入，一路所見，石屋成列，屋前都搭了遮陽蓬帳，掛滿曬晾雜物，顯得陰暗凌亂。有賣漁穫的，乾蝦150元半斤，蝦米80元半斤，有人預定了來取貨交易。

✳ 三門仔新村　橫嶺下六村

　　過新村門樓，有文物展館一間，而新村云者，指乃受建湖及集水區影響村民，合遷至此而成，相對於三門仔舊有村舍乃屬新的了。

三門仔新村，由船灣淡水湖遷來。

山上有六角亭，讓人休息觀景。

三門仔有巴士到達。

1 沿路石級完好，平順好行。
2 曾起爭拗的水茫田。

　　路分上下，循上路有路牌寫明 **1.5**公里／半小時。於是輕鬆漫步而上。新修平路，上斜而不吃力，稍後落斜，更見輕鬆，兩旁花草，招惹很多黑白色鳳蝶蹁躚飛舞。至山谷處，遙見山崗上六角亭，亦不難上，很快到亭，小休一下。

✷ 鹽田仔高點　沙堤甚粗糙

　　現在處於鹽田仔的高點位置，屬大埔船灣海區，景觀遼闊，一邊八仙嶺山脈，遠方模糊的是馬鞍山山脈，只能約略指認了。

　　循彩色石階落山，很快接觸有扶手欄杆，也很快便落到沙岸邊，出林便是連島沙堤所在。一看這就是與馬屎洲相接的連島沙堤，不禁有點失望，粗糙黝黑，與想像的粉白幼砂相反，而邊恰恰印証是火山舊痕。

✷ 鹽田仔盡　入馬屎洲

　　砂堤旁有木亭，旁邊多塊展板，介紹這裏的特點給遊人認識，顯示當局是相當看重這一展區。

加插一點是，站着的地方，屬於水茫田，從前是耕種地，也曾有人風聞這裏作地質公園，急急把地方平整，構建旅遊設施準備大收一筆，後被當局煞停。

砂堤上有很厚層蠔殼粗粒，顯示有人在此活動過不短時間。

✴ 岸層成因　經億萬年

隨著展版沿岸觀察，這裡的岩石，的確呈現出火山噴發過後的痕跡，沉積岩是這裡的特點；因火山噴發後，火山灰降落時，因各種自然環境成因，形成砂粒或泥粒，粗的成了砂礫岩，幼的成了砂岩或泥岩，含鐵質的便著了紅紅黃黃七彩顏色。石英層則因侵蝕成岩層條紋，它溶解後，岩石分裂離開，人們叫它所謂試劍石。

✴ 飲水要思源　向博士致敬

這裡有簡單砌成的上落碼頭，是漁護署因地質公園開啟，為方便參觀人仕而邀約當地居民開辦，也使當地區有點經濟活動，屬兩贏方案。而香港地質也因一位楊家明博士大力探研主催而逐步躍升到世界級，怎能不舉手向他致敬！並加以紀念。

1 岩質粉幼的粉砂岩。

2 遭異質侵蝕的侵蝕岩。

3 三門仔碼頭有小艇來，亦可搭走。

馬屎洲上簡陋碼頭。

串遊墟市更山村

遊大埔，除舊墟外，可聯遊碗窰，或上半春園再加蓮坳，半日之行，腳程充份，內容豐足，精神飽滿。

INFO

長度 7 公里

珍貴　★★★☆☆

難度　★★☆☆☆

時間 3 小時

✳ **交通**

大埔墟
大埔墟火車站

大埔墟
大埔墟火車站

> 墟有定時，市無期日；文氏據此與鄧氏大埔墟爭而勝，開太和市運行至今。人不知墟市之別。

人知泛指之大埔，有大埔滘、大埔頭、大埔墟，又有舊墟、新墟，但為何與太和扯上關係？廣福橋因何而建？文武廟內蘊甚的玄機？火車站去了哪裡？

1913年建成的大埔舊墟火車站。後分成太和和大埔墟車站，原址造成火車博物館。

尋寶路線

https://goo.gl/s95zCn

大埔墟藏寶圖

🧭 鄧氏開村早　南岸大步頭

　　溯自明十世敬羅、敬章到大步頭開村，為的是立祠紀念以身殉孝的孝子師孟，同時申請建墟以徵收糧餉，用以祀祠。大埔始有墟。但租例甚苛，引起位於沿河北岸村人不滿，文天祥弟後人籌組另一墟市，但遭鄧反對不果。

　　一場颱風破了舊，要立新。文氏重建時再提設墟之議，鄧又反對。文氏聯合各村民，重新規劃，以較細規模之街中"市集"作申請，其理是"墟大有期而始開，市細無期而常設"，設市之議與墟似無衝突。果獲官批。於是"太和市"出現。

🧭 天佑太和市　文氏好綢繆

　　今天的富善街，就是1892年文氏有計劃規劃下來的模樣的太和市。街道闊，舖面大，上面掛布蓬，下

1913年火車站，今已成博物館。

柴油火車頭已由電動取代。

107

設計寬闊的太和街市。

文武廟與太和市同時建立，門樓有"永佑太和"。

因發展而令其半廢的廣福橋，只剩下石欄，刻字尚在，為文氏所建。

面擺貨物，人來人往，挾所求而來，愜所得而去。文氏更建廣福石橋，取代過河費時之橫水渡，便利往來，近者悅、遠者來，太和趨旺；加上火車通車，站就在附近，村民都因方便而取太和；大步頭墟乃日漸凋零。遂廢。

✱ 大埔舊墟廢　太和新墟出

太和市當時被叫作新墟，相對於今日摩登街市，新墟便叫作舊墟。而"太和"之名，由此而鵲起，以至後來衍生出一個"太和站"，大埔滘站取消後，大埔墟站移到偏近廣福邨一角，兩村都有火車站，編排更突顯了鄉村發展的演變。

✱ 文氏重文曲　奉祀理當然

探尋時，在富善街中見到一座宏偉廟宇，深藏於《永佑太和》橫額的院內，首先矚目的是斗大紅字，非常有氣勢的對聯：**文昭日月，武鎮山河**。

筆者先是一愕：不是玄關二帝，不是洪聖大王，竟是少有的文武帝廟，肅然起敬之餘，由供奉神祇推斷，這該不是鄧氏建的"舊墟"吧！參閱廟內碑記，這果然是文氏後人的太和，也即是新墟，難怪尊奉三國時代忠義武帝關雲長的同時，對東晉張亞子這位"文曲星"尊崇備至。這廟屬全港第二古文武廟，亦已入法定古蹟。

✳ 廣福橋新造　舊橋作引橋

街口直出轉右，對正因改道而新建紅橋，有一節麻石造攔河，向著紅橋斜上，這就是原本文氏所建"廣福橋"舊物，留下小段供作歷史憑弔，今人不知廣福橋為何物，位於何處，也不知它曾對太和市起過甚麼重大作用，何妨撫物追思。太和這街，是一步一步的得來。

✳ 遊意猶未盡　碗窰或蓮澳

從運頭塘邨商場側穿出，就是河邊行人道，林蔭陰涼，直行到另一橋有牌書《樊仙宮》，上級即到；樊仙係陶瓷業界供奉的祖師，另有碾池及博物館，惜其餘工場遺址多封閉，苦尋不獲。

若從富善街出左行，直到遊樂場轉入，上斜路，過狗場，大天橋下，有半春園，稍遊再上少許，可到另一山村叫蓮澳（坳），村前有六角亭，有漂亮地標石碑。村很新潔，門前廣場仍是荒廢，野草滿田。蓮澳廢校藏村外林中。縱遊人不多，也不妨探遊一下。

鄧族最早興建的大埔舊墟所在，因在海邊，故有天后宮，今墟已廢。

太和橋代替廣福石橋。

宮殿式上蓋成為特色。

《五常第》石刻碑塊仍在，放於博物館外。

碗窰村的樊仙宮已成古蹟，有碾磨及博物館可參觀。

沙螺洞黃花遍地

文人的山水文章，是案頭山水；自然界的山水，是地上文章。薰衣草、黃花田，簡直是地上的錦繡文章。種的人惜之，看的人也要惜之。人生要做的快事，可種花田。

沙螺洞廢田，變遍地黃花，一片花海，引來扶老攜幼入山看花。這花海畫眉山下榕樹澳出現過。

INFO

長度 5.8 公里

珍貴 ★★★★☆

難度 ★★★☆☆

時間 1.7 小時

✦ 交通

大埔墟
大埔墟鐵路站74K九巴→鳳園路站

··········

大埔墟
鳳園路站74K九巴→大埔墟鐵路站

"**盆栽**" 是把植物栽在盆上，一旦把它叫做 "盆景"，那就是把 "景" 植入盆中，後者的級別也隨之提高了好多倍。前者不過是園丁工作，後者不止作為園丁，更是文人、藝人的心血工作。他除了基本的澆水施肥，還要把它構成景，將現實或構想具體而微地呈現出來，可以成畫，可以成詩，一

中途的涼亭，可小坐休息

沙螺洞藏寶圖

九龍坑山

終點　沙羅洞

香港童軍
訓練中心
🚌20B

露屏路

洞梓山路

蝦地下

下坑

角　　路

鳳園

南坑

尋寶路線

汀　角　　路

起點

高爾夫
球會

https://goo.gl/
BS74CJ

篇文章，需時動輒以年計，故盆景是文人的山水文章。

❋ 文章案頭山水　山水地上文章

　　王維的詩，善於描畫山水，故是山水詩人，基此，文章是案頭山水，大自然的山水景物，是地上文章。集瓣成花，集花成叢，集叢成行，集各行各色則成錦繡，故薰衣草田也是文章，而且是錦繡文章。

❋ 沙螺洞花田　地上出錦繡

　　今之沙螺洞，本是荒村，如今卻把廣田荒野，除去雜草，撒了油菜種子，讓它出了苗芽，長了葉，沒把它收割出售，而是讓它繼續抽莖，莖梢長出黃花，不是一行而是整片田，是高高低低，整大片連成一起，都是滿眼的黃花，成了花海。網上一傳，把人瘋了，絡繹於途。

舊式"郊野公園"標誌牌

沙螺洞村口，掛滿各式大字報。

禿樹黃草，夾雜大片菜花的蒼黃，引來紅男綠女。

張氏宗祠雖已殘破，大字春聯幾十年都依舊常新。

堅守廢村的農夫，豆腐花以山水而馳名。

✳ 香港鐵文化　花海成焦點

年青的、年長的、乘車的、步行的、踏單車的、跑步的、作為領隊探路的、一家大小的、拍拖情侶的，多的是第一次的，都朝沙螺洞方向來。沙螺洞在山中，人們似乎都在所不計，因為想親身體驗外國有的薰衣草田般的感覺，香港有黃花地也不錯呀！於是沙螺洞出現了少有的"人海"，雜沓在花海中。

✳ 收購遭否決　村民守舊巢

沙螺洞這山村，因曾遭收購而早已荒廢了，本來想建造高爾夫球場，每戶都換有新屋，村民張伯當年語筆者：非常期待，因為除有新屋，更可搬到山下，方便得多。後遭到某些人反對，擱了下來。事隔多年，如今村還是村，舊時風貌，宗祠大字對聯，枯藤吊在門楣。有心人年青畫家，站在街角，展開攜來水筆畫冊，為破屋添上色彩。村內仍有些農戶，在搞了些餐飲活動，豆腐花、公仔麵。也其門如市。

✳ 滿腔期待　膈臆誰訴

村口還搭了簡單門樓，標示着這裏仍有人活動。入村的路上掛上大大幅大字報，表達胸中抑鬱，訴說不滿。白布已變灰色，連本來在轉角地方，豎了幾塊由麻石刻成的"問路石"，如今也不知所蹤。村民的內心，正充滿無奈。滿心的期待，像肥皂泡般，在空中飄過，卻消失得無影無蹤，正是"膕臆誰訴"。

✳ 人生一快事　寫書種花田

今年，在荒田上突然出現了花田，從最高的近村台層，一路向下伸延，都是滿眼黃花，叫人驚嘆。有人說過，人的一生，總該做一件快事，如爬最高的山、或踏遍某些特定景點；或者立功、立德、立言就寫一本書。要不，種一大片花田也不錯，只要曾下過心機，把田種得整齊有美感。

這列殘屋，街角正有女畫家為它添色留映。

彩旗與牆上大字報，正顯出沙螺洞的生命張力。

村屋數列，儘堪探遊，後面是九龍坑山，沙螺洞在山窩中。

人生一快事，寫書種花田。

第 **4** 章

新界西東

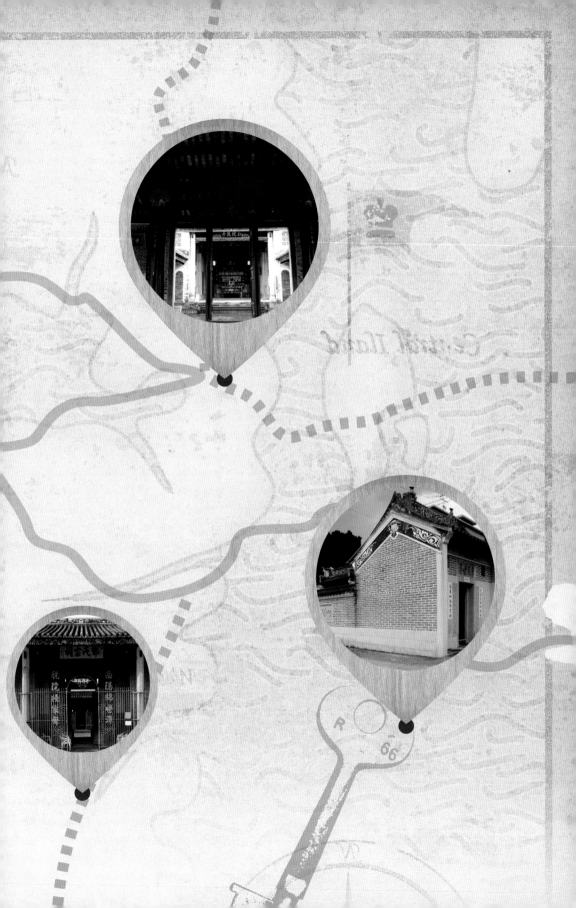

八鄉凌雲探磚窰

十六世紀初已有，到今已近五百年。而仍有舊日痕跡，更留得竭力傳承印記，能不令人肅然起敬。

> 庭園水池，池上曲橋，洞門台階，俱可賞，碑可讀；有鐘樓、佛學院，自有氣魄不凡處。

行 山運動興起之初，祇以求之假日，約聚三數知己，漫遊郊野，擇途而行，久之，擇地而行，再而久之，遂有為目的而行；於是產生各種為達致一定目的的旅行。可知即使"行山"這麼一種非常簡單的運動，若持之以恆，亦可產生某種心中所樂，問題是能否堅持與執著，而反過來，若有這種堅持與執著，又可推動這種運動繼續維持下去。

INFO

長度 5.2 公里

珍貴 ★★☆★★

難度 ★★★★★

時間 1.2 小時

交通

去程
荃灣鐵路站51九巴→石崗站

回程
上村總站51九巴→荃灣鐵路站

沿斜路再上，進內，兩犬當道，需不畏懼。

八鄉藏寶圖

608

八鄉

企嶺

錦田公路

終點

林錦公路

林錦公路

南慶東路　錦上路

至錦公路

起點

南慶里

錦上路

石崗

尋寶路線

https://goo.gl/p5BX6v

✵ 不止行山　有所探求

　　至若山色無遠近，看山終日行；這山那山到底叫甚麼名字？是否有路可上？有多高？是否人跡罕至，自己能否登至此山峰處？山的那端又是甚境界？忽然把自己代入了取西經的唐僧，就叫孫悟空躍上雲頭探看。

✵ 山下有古剎　佛教首傳承

　　就別説那麼高山，就是一間古剎吧，也如果不親身去踏探，光靠道聽途説，於事無補。這大帽山北麓，觀音山腳下的寺院，非要親身專探不可。因為這裏有間凌雲寺，光是主持者的重業精神，已值得我們尊敬了。

凌雲寺牌立在林錦公路側。

內進左邊林下，有八座羅漢雕像，素身未加彩。

入寺前路口位置的迴旋處。

❶ 上至洞門後的高台，有標緻綠亭。

❷ 寺前階下有曲欄水池，觀音自水中出。

❸ 原建有鐘樓及首間佛學研究所場地。

✳ 戮力追尋　不恥下問

做學問要研究須不恥下問，尋探更應多問；以為寺就在雷公田的另一邊，卻是非要從林錦公路找不可。就在迴旋處不過一個巴士站那麼遠。郊區土地似乎很不值錢，門口大書凌雲寺，大大的空地廣場內左側有條小徑可上，林內隱約有石像數尊，酷肖萬佛寺路上的羅漢，但原色，似仍待開發。

✳ 源出西方　遠遊南海

車路一直上引，路旁有茂密修竹，有幾個車場隱林中。路引入一個門樓，後邊的高處台地，橫漆《凌雲寺》於門楣欄上方。沿新砌玉階登上平台，過洞門，扁柏兩株分植凌雲寺大雄寶殿兩旁，門聯刻書：**《源出西方千葉寶，道承南海一枝春》**，聯意已含傳承之義。

始於靜室，建於妙參，此寺之初，係1423年的鄧氏鴻儀族祖鄧蔭，於1544年始建小室於寺右方，供黃氏靜修用，到1821年，號室為凌雲寺，之後荒廢。到1901年得釋妙參禪師賞識，喜其地環境靈秀，戮力創建，1924年建成現貌，更於1979年廟左方已荒圮場地，建鐘樓外，並附建佛學研究所於其側，此乃本港首間傳播佛教學說的基地。廟前牆下三塊碑記，記錄各個發展階段。台下有曲橋蓮池，觀音穿水而升，向仕眾祝福。對佛教的傳承，值得敬重。

✳ 八鄉古廟　頓失風采

　　沿錦田路入八鄉公園，過回歸碑，穿黎園到八鄉古廟，已見翻新一遍，古廟建於乾隆年代，光緒、咸豐修過，今2013年再重修。本來所見應是本港最多泥塑的古廟，今只剩左右原鑲牆上兩幅，其餘掛畫俱不知所蹤，如此古物為何少卻又不見公告或追究聲音？今見風采落寞的古廟，有點黯然。再前行入探天德古廟，整齊新潔，惟不見人流，大門深鎖。八鄉中有磚窰路，擬探窰址，惟盡路所得，只餘空地，窰址已蕩然無存。下谷山村村徑甚幽，別有風味，張家村、黎圍村，戶戶都貼新聯，準備迎春矣！

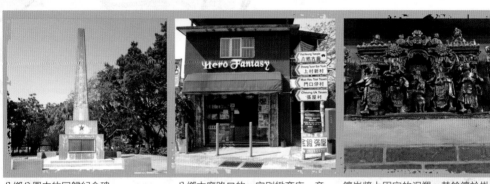

八鄉公園中的回歸紀念碑。

八鄉古廟路口的一家別緻商店，旁立路牌。

鑲嵌牆上固定的泥塑，其餘鑲於掛框上的特色泥塑，都不知何去了。

滿池鳳眼訪將軍

尖鼻咀，許久以來視作邊界禁地，也是最早開放的邊禁。從流浮山深彎路直入，到最後一個瞭望台，遊客每止於此，再去有甚麼發現？一道馬路橋橫架在闊闊的鹹淡水河道上，河雖闊，名字欠奉，它長滿紅樹林，實在只是一條溢洪水道的出口，源自洪水坑水塘，初細而漸闊，並治理成石屎河床，臨近出口便回歸自然狀態。上流水源被引作魚池，排出的水流入農田，再歸大海，紅樹林憑此茁壯成長。

風雨不避，自有奇逢。三月不遇，而五月則奇花滿眼；請聽圍內人講圍內話，護國將軍後人的話……

INFO

長度 7.4 公里

珍貴 ★★★☆☆

難度 ★☆☆☆☆

時間 2.5 小時

✹ 交通

去程
天水圍天恒邨

回程
福順街74號綠色小巴

霸道的鳳眼藍，原長於阿馬遜河流域，現已遍佈丫髻山下，點綴出拍友追逐的大片花海。

丫髻山藏寶圖

深圳灣（后海灣）

南沙莆　尖鼻咀

大欖基

甩洲

禁區界線

流浮山
流浮山 34.34A
K65

起點

天水圍

終點 74

髻山

豬黃嶺

橫洲

鰲磡石

廈村

東頭工業區

朗屏
大橋　元朗

尋寶路線

https://goo.gl/rVER1j

✳ 勿嫌田基路　親親大自然

　　我們的探索從輞井圍開始，過村廟從下路橫出，過基圍路，路頗有凹凸，但遠山近水，小船破寮，自有怡人之處。踏上深灣路尾段，是最末一個瞭望站，過右邊溢洪橋，橋上左欄架高大密孔鐵網，連拍一張照片不可得；右方土墩，上探水塘區，有破敗高架木寮仍有人出入運作。塘側有通路可入，但只往塘區，可以不理。

三月路經時，池塘水滿。

五月再去，池塘只見泥漿滿地。

三月未見花，五月則蓬花滿池，花瓣簇生，有成圈狀藍色。人號為"鳳眼藍"。

✳ 丫髻大族地　山下雜姓村

　　到路之轉彎位置，若沿路直去，盡處是污水廠，須回頭，故離馬路右入塘基路，雖有崎嶇，時有路人甚至集體隊伍迎面而至。兩邊水塘，打汽機噴出水柱，仿如趵突泉；前望高樓，是天水圍大廈，左方遠山一座，頂上雙峰如髻，就是頗有名氣的丫髻山，地圖只註髻山，是新界大族風水山，上有"仙人大座"基。基而名，是由風水師尋龍覓穴而得，故為名穴，亦是愛尋幽探勝旅行人所追尋目標。

✳ 無意得花海　鳳眼藍盛開

　　路過"優質養魚試驗"龐大塘區後便接到馬路，無需只顧腳底，一邊踏橋，一邊望山，原來剛才那丫髻已近了一大截。前面出現綠油油一片，隱約還有大片紫紫藍藍，似是花海，竟然已得一奇景，是滿地蓬花，一支支，一串串，一簇簇，紫色花瓣，由淺漸深至一圈像鳳眼的深藍，人們暱稱鳳眼藍，滿池滿塘，連成大片成為花海。上月來還未見，今回來已引得不少拍友追逐，它使丫髻山下似仙境蓬瀛。這花原產於亞馬遜河流域，粗生而有霸氣，五月見花。

✳ 村民盛意拳拳　帶我細看三村

　　慶幸得花海機緣。從閘口轉入村路，拍

過最後一幀村口池塘屋，入村，小巴於村中大樹掉頭；小休時適逢村中梁姓夫婦從後而至，竟願意帶領觀村：村有三，盛屋圍門內有大樹，不知有否納入古樹名冊？大井圍不見大井，仍有圍，一街九巷，神廳位於中軸，奉祖先神位，圍聯書：**大鵬展翅，井鯉化龍**。嘩！很有志氣，肯定不是池中物。大井圍村有鄭、鄧、盛等姓氏。村民說講的是圍內話，何謂圍內話？她說就是本地話，因他們是本地人，廣府的本地人。能訪這三村已是第二奇目的，最後還有：

✳ 先祖是護國將軍 講本地話圍內人

吳村中出一位護國將軍，供於神舍，非廟非祠，問吳氏村民，指乃祖先，他有功於國，位至護國將軍。問其大名則諱莫如深，只說並非吳三桂，說是明末清初人物。我有所悟，但不想明指，請聰明讀者自己猜。吳屋村亦有圍，聯書：**延陵世澤，渤海源流**。源於東北。圍門背聯甚佳，不容錯過：**太平不用敲更鼓，盛世何須鎖閘門**。村野而有此瀟灑之風，絕不粗野，佩服。

大井圍中古拙厚重土地神社。

鎮國將軍門前鐵炮。

龕上額書"鎮國安邦"，聯書有"扶君主，安庶民"，一片忠君愛民心志。

這裡是本地人鄉村，喜見亦有圍村，同時告訴筆者，村人講的就是圍內話，即是本地話，廣州話。

吳屋村內的"鎮國將軍"，請勿誤為神廟，是吳氏先祖龕位。

吳屋村中的圍村門樓，內聯翹有書卷氣；不須敲更鼓，不用鎖閘門。

邊村巧遇封邑國

香港有一條和中國接壤的邊界存在，這邊界不是
今天開始，而是百年前由英國與中國制訂。這邊
界是從菜園角、元墩山的小村起，一路有條公路，
隨著紅花嶺山脈下的地形，也傍著一條沙頭角河；
這同樣作為分界線的沙頭角河，過伯公坳後，接
入深圳河，入蓮麻坑而到落馬洲去。由於兩地制
度差異，邊界附近也變成出入受限制的"禁區"，
這"禁區"成了愛旅遊人仕心儀所在。

INFO

長度 **4.8** 公里

珍貴 ★★★★☆

難度 ★☆☆☆☆

時間 **2** 小時

⊗ 交通 ════

去程
上水鐵路站79K九巴→坪原路

⋯⋯⋯⋯⋯⋯⋯⋯⋯⋯⋯

回程
坪原路79K九巴→上水鐵路站

姓有所源，大都泛指，獨坪洋陳氏，祠堂
標稱本姓胡，因封於陳國，遂以陳為姓，
相傳至今。

坪洋村陳氏祖祠，對聯已標出源自胡姓，被封於陳國，以國為姓，後人以此標榜者乃香港首見，故非常珍貴。

東風坳

銅鑼坑

石寨下

龍尾頂 禾徑山路

水牛槽

鳳凰湖

塘坊

石澳

坪洋

平原河

終點

禾徑山

坪輋路 平原河

水口

打鼓嶺

坪原東路

五洲路

禾徑山路

起點

五洲南路

坪輋

水流坑

尋寶路線

https://goo.gl/
F17Ut1

上山雞乙

下山雞乙

白鶴山

山塘

✳ 坪洋村姓陳　陳是封邑國

　　沙頭角六村開放，便急不及待往探了，但都是較粗略的，其實有些地方，不乏需下功夫細探，就如沙頭角道上入坪輋道的坪洋村，裡面大有文章，不容錯過，於是能有所穫。

✳ 出口左右　留意哪邊

　　上水火車站，外接天橋，通到上水廣場，進入廣場，行到最尾的扶手電梯口，落到巴士站，79K位於中間位置，是往打鼓嶺線，十餘分鐘一班，過坪輋花園後坪洋路落車。

✳ 大路樹搖風細　不再只是市塵

　　沿坪洋路入，兩旁濃綠籠陰，陰離子使人特感清

奇香撲鼻的百香果，山後小村有栽種，與奇異果相似，藤蔓纏生。

村路上一家百車吊臂高舉場面，頗為壯觀。

坪洋公立學校，禮堂舊址。

村內多新屋，典雅舊居棄如敝屣。

陳氏宗祠內觀，大書"福祿壽"三星。

"踏步徑"沿石級可登山頂觀望，景緻開朗。

涼愉快，房屋錯雜，亦耳目一新。過信箱亭後，有大建築物圍於樹網後，趨視原來是被荒廢了的"坪洋公立學校"，建築仍十分堅固，面對球場亦完整，只是滿庭芳草，感覺有點淒涼。網外路口，一株被砍掉仍藝出枝葉還長出大朵白花的文殊蘭，從幹徑之粗近呎，可想像此蘭已生長了不短的時日。

✺ 村前少見伏虎　諒與風水悠關

入村前，村口有伯公神社，有對聯：**伯公常施福澤，公心善解紛爭**。旁邊是一座少見的"趙元壇伏虎罡座"，座前聯曰：**龍吟紫氣登金榜，虎伏溫馴任遣產**。壯志不小。

✺ 每層一種風格　恰似文藝復興

村屋都很新，從建築選料上，村民想盡量展現對美學的愛好，炫耀他們的所知，更重要是他們擁有財富。我們旅行人絕不妒忌，憎富厭貧，而是從所見所感，提升自己感知判斷力，時作比較，自然有所增益。

✺ 陳由封邑來　孔子餓於陳

一座巍然聳峙，古風盎然建築，使人眼前一亮，是村中重點建築：陳氏宗祠，與常見宗祠很有區別，門口作三層式飛簷門樓，中層開雙孔窗眼，四條大紅柱矗立，兩側石刻金書：**胡公世澤，穎水家聲**。從祠聯已隱露陳姓由胡氏傳來。昔日先祖乃舜後人，胡公滿助武王打敗殷，建國後，賜封陳國，族人乃隨國為姓。此乃已見於周朝，故族源甚遠，亦引以為榮。此行親證千年封建史實。

上到踏步徑高崗對山電視塔高聳，人稱"定海神針"。

✳ 神針敲響石　奇果叫熱情

　　村後石屎路遇靚涼亭，從門樓上踏步徑，頂有台，山後深圳方聳出"定海神針"電視塔，台中有兩組"叮噹石"。試敲後落級再左探禾徑山村，山隈盤地，引水成村，探訪村民自得其樂生活，那管外側大興土木。路過小村，更見本地出產之熱情奇異果，市上有得賣，異香襲鼻，酸甜清新，又叫百香果。

山崗有兩塊敲之發聲的"叮噹石"，此乃其一。

北望為山遮擋，南望是郊野鄉村風貌。

排峰嶺下芰荷香

富有之港人，外遊歸來，看到加國到處都被楓葉染紅，回來大事渲染，加國楓葉，早就俘擄港人的心了；後來，鄰近的亞洲國家也發展出以紅葉作旅遊賣點，與日本櫻花開期相似，某月為 A 區，某月也為 B 區，而後為 C 為 D，儼然成序。而本地偶有三數喬木亦被染紅者，遂奔相走告，爭為時尚。漸漸賞紅葉亦隨櫻花之後，成旅遊賣點，為國家增資源。

排峰嶺下，河上鄉外大片濕地，有心人種了大片荷池，長出君子之花，難怪拍友奔走相告，群相追逐。

INFO

長度 1.6 公里

珍貴 ★★★☆☆

難度 ★☆☆☆☆

時間 1.5 小時

🛞 交通

去程

上水鐵路站51K綠色小巴→河上鄉鄉公所

回程

金錢站76K九巴→上水鐵路站

開首荷田只得一角，這裡才算有具規模的場景，不枉此行。

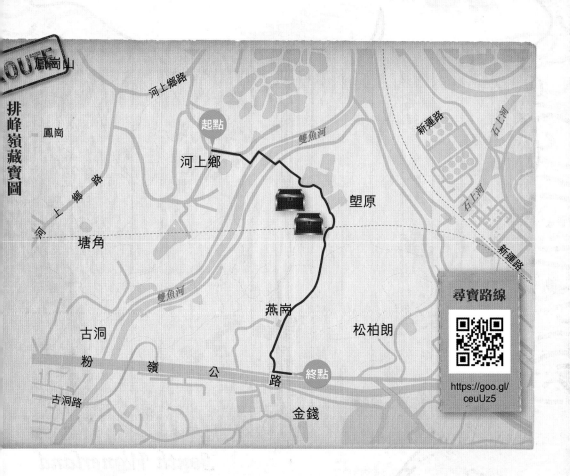

排峰嶺藏寶圖

起點

河上鄉路
雙魚河
新運路
石上河

鳳崗
河上鄉
埋原
河上鄉路

塘角

雙魚河
燕崗
松柏朗
新運路

古洞
粉
嶺
公
路
終點

古洞路
金錢

尋寶路線

https://goo.gl/ceuUz5

✳ 授人以漁　勝似授魚

本人甚為嘆惜，每諷為政當局未能為本地用心，籌謀規劃。街樹之難能可貴矣，而不懂去善加運用，更不會善用郊野資源，徒令幾十年時光，任由溜走，今天空喊缺乏旅遊資源。能善用物裝扮河山，實在就是位"河山"畫手。職位高尚難得，為何尸位素餐。

✳ 不再羨魚　自己結網

偶有義者，在憋著一肚子氣之下，買來幾包油菜種籽，灑向幾片丟空多年的大地，讓它發芽，長花，便讓港人瘋魔了一段日子；又見到一條僻壤鄉村，長出滿池紫藍蓬花，叢叢簇簇，花蕊又像鳳眼的深藍，像千百鳳鳥麕集池中昂首奇景，人們雅稱之為"鳳眼藍"。哄動一時。

本港竟有大片蓮荷濕地，實屬意外。

這些筷子路，在雙魚河畔行過。

以為新界已不再見稻田了，竟因尋荷花而找到大片稻田，便想起了宋大詞人："稻花香裡説豐年"詩句，大樂。

時序稍過，荷花已盡情開放。

✴ 港人好獵　逐葉追花

然後又在初夏到來，蓮葉從池塘中伸出了芽葉，穿出水面，伸向天空，將捲成條子蓮葉，慢慢打開，像碟子、像圓盤，爭向天空昂首，承接早晨朝露，讓露珠在荷葉上滾動，一陣和風，葉上露珠都向早起農夫身上傾去。旁邊的一株，早帶著熱切的春心，末端孕出孢子，外面裹著幾層顏色鮮艷的嬌嫩花瓣，獨排眾綠，慢慢用獨有的風姿，自家的清幽，長出一縷荷香，迎接盛夏。於是，城市人又四出尋找荷香出處。

✴ 荷長於藕　人稱君子

荷花長於藕，根莖，分段成節，中通，出於淤泥，洗後潔白之蓮藕，可作溫熱湯飲；花之莖亦中通，故有説文載"中通外宜，不蔓不支"。並喻為君子，菊喻隱者，牡丹喻富貴，文人重氣節，故特愛蓮。蓮花人多稱荷花，只供遠觀，故能供佛，佛座於蓮。

✴ 種荷需治地　連綿一大片

今個初夏，鄉郊中已遇不少逐荷拍友，

亭亭淨直，人稱君子，背景即排峰嶺，又叫大石磨。

交談之下，知河上鄉有荷田云。遍訪下，從豆腐花廠出，過雙魚河橋，入基圍，望穿微眼，原來遠方的田田荷葉，已長滿池中，亭亭如蓋，有且已花落成蓬了。深入再行，不怕難，不厭行，更美好荷田，相繼出現，萬綠叢中，點綴幾顆嫣紅，排峰山下，那難得的嬌艷如許。難怪尋花者如此熱心追逐。

開心農場前三支風力發電機，天哥言：荷及稻均他親手所種。

✳ 天哥農場主　種荷又種田

　　田基中穿插，見寮店前有三支發電用風扇，是"開心有機農場"者，場主天哥言：荷花均由他手種。到此者勿忘謝過。荷池外更有多塊禾田，雖然疏落，但已抽穗，待滿漿禾熟，穗串彎垂，到時又是另外一番豐收情景，記得再來看。即景寫了首小詩：

丫髻山旁鳳眼藍　排峰嶺下芰荷紅
引來一彎雙魚水　育得金黃稻穗香

開心農場有茶座，可小休喫茶享鄉村田基風情。

沿著有路燈的石屎路可出村，沿途美景，細心領略。

掛角山外葵花鬧

既然是"尋幽探勝"，那裡有罕有事物，便要去尋。記得從羅馬尼亞前赴保加利亞途中，走到巴爾幹半島的田野上，見到大片大片的葵花田，一色金黃，朵朵葵花有十吋碗口大，印象深刻。今聞新田也有葵花田任參觀，怎能輕易放過。

雞公嶺，即掛角山，旅人誤稱圭角山，下有大片葵花田，花徑雖不及巴爾幹半島所見大，已不俗。

INFO

長度 3.7 公里

珍貴 ★★★☆☆

難度 ★☆☆☆☆

時間 1.5 小時

 交通

去程
上水鐵路站76K九巴→新田站

回程
新田站76K九巴→上水鐵路站

掛角山下大片葵田，被急雨晴天催得朵朵爭放，引來觀花熱潮，亦使場主信哥有點欲哭無淚感覺。

ROUTE

掛角山藏寶圖

新田

洲頭

新田村路

新探路

青山公路（洲頭段）

粉嶺公路 古洞路

起點

終點

古洞路

青山公路

（新田段）

新田村路

青山公路（新田段）

新田公路

嘉龍路

麒麟山

100

石湖圍

石湖圍路

尋寶路線

https://goo.gl/TWceHu

✳ 路人稀疏亦茫然　問不能答更徬徨

　　新田之葵田，與河上鄉荷田一樣，只知大方向，不知細節，抱著必探其極精神，親身細查才是辦法。誰知村民既不知有葵田，亦未聞附近有農場種葵花。幸有餐廳老者請出店內年輕輩應對，最後得知乃位於"小坎村"，並指點方向。這程路人稀少，亦茫然者多，尋探的艱辛難為人道。

觀眾買不了多少支葵花，只是令鏡頭忙碌不已。

✳ 姑且進入　步步求真

　　由青山公路，轉入古洞路，過天祥公園，第二路口入嘉龍路，過第二組墓群，對正路口，歧分為二，取下方並寫有"德鋒工程"牌，旁有信箱及候車亭者正確。稍過有綴滿蕉串蕉林，有路落下方，從上看到灰濛濛幕頂者就是葵花田信心農場的辦事處。

小坎村內水田旁邊村屋有破舊落寞感。

樹上綴滿簇簇龍眼果，今年肯定豐收了。還有杧果樹，果實成串。

上回到訪，大夫第牆灰獨白，今回到訪，已大見褪色，有美人垂暮感覺，足見"保遺"不易。

文天瑞別號東山，築的廟便叫東山古廟，泥塑色彩鮮艷，甚美。供天后而不稱天后廟，因在宋時未曾封后也。

✴ 雞公嶺下有葵花 不讓葵花變廢渣

進入"信心有機農場"，參觀者與義工混雜一片，出到田間，葵花田一片連一片，都用網圍蓋著，本來畦田都由網架隔開，現在方便遊客參觀和拍照，都把網掀起，推到一側，有些祇留頂部蓋著。畦地在雞公山下，眼前看到的山，就是雞公嶺，這雞公嶺就是旅行人替它起了個別名圭角山，而它的原來名字，實"掛角山"。新安縣誌桂角山為誤，廣東通誌掛角山為正。本地旅行人叫圭角，則為誤上加誤。反而本土人叫雞公山（嶺）是據形而名，有所本。然則，雞公山的葵，排峰嶺的荷、丫髻山的蓬，以至沙螺洞的菜花，都足以稱道於世。

✴ 墾田一大片 葵花亦新田

抓去網幕的葵田，便通連成一大片，朵朵葵花爭相向日，萬眾鏡頭爭相向花，踊得田基為陷。然遊眾，大抵知遊者不多，不能與沙羅洞相比，但亦門限為穿了。改天再訪葵田，信心農場場主信哥出迎，驚見葵花泰

信心農場場主信哥樂意招呼，自言他是第四代矣，不忘初衷。避免大好農田變廢物地。

半凋謝，詢問信哥情況，能得簡略相告者，是由祖而至今者，已歷四代，此地原為沼澤，船可舶近村邊，經祖輩戮力耕耘，開墾田畝蒔禾維生，遂叫此地為"新田"。而今有人想將田變廢物堆填區。想到文氏立村之更須跟大族抗衡欺凌，其艱辛處，我知之矣！

葵田外側築堤，溪水沿溪流過，水源不缺。

✳ 信哥農場四代祖　東山古廟天瑞建

信哥於此第四代，父母八旬九旬高齡，彼亦六旬有五，有子女及外孫女，十八九矣，當已就讀高等學府矣。次回退出時，得鄰近荷田，惜花時已過，但沿新田村路行，伴溪荷而行，反見荷花與蓮葉，俱長得茁壯可喜，賞葵花前，實應先探荷去。

返回村口，就餐廳午飯以報相助之意，亦細探東山古廟，實天后廟。不妨猜猜名叫東山古廟之原委，前有長山下長山古寺，排峰嶺下排峰古廟，此東山古廟之東山，究在何處？想否知答案？

從小坎村出，沿溪行有荷滿溪，追花一族別忘了。

水池外，高廈時起，雲天水影，如詩如畫。

上將府奇人立鄉

這條逢吉鄉的開村立鄉始祖，雖是農民出身，憑著拚搏精神，因時就勢，當了將軍，位至至高無上的"上將"，歸佃後，以府立鄉，真巴閉堂也。

INFO

長度 200米

珍貴　★★⯪☆☆

難度　★☆☆☆☆

時間　隨意步行

✳ 交通

去程

元朗鐵路站603小巴→模範鄉

回程

模範鄉603小巴→元朗鐵路站

> 仕宦而至將相，富貴而歸故鄉，古人遺訓。歸鄉里矣，更能於文化中承傳，不忘家國，可敬。

✳ 耕田受欺霸　投軍屢立功

　　主人公是誰，姓沈，名鴻英。本潮汕人，在鄉務農，因常被族輩欺侮，憤而離鄉投靠廣西落戶為佃農的鄉親，亦常被壓榨，反抗的結果是時值軍閥割據時代，剛巧投入了孫中山革命隊伍行列，變成"桂系"成員之

一府成鄉的"上將府"，也是逢吉鄉精華所在。讀"家本將門"聯語，大有"常山趙子龍在此，誰敢與我決一死戰"的英雄氣概。

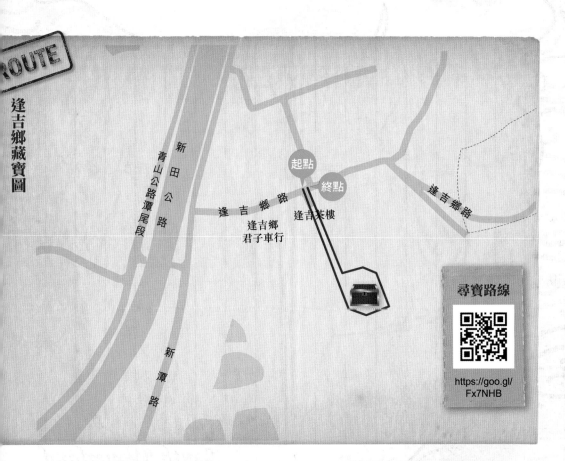

新田公路

青山公路潭尾段

新潭路

逢吉鄉路

逢吉鄉君子車行

起點

終點

逢吉茶樓

逢吉鄉路

尋寶路線

https://goo.gl/Fx7NHB

一。主人公勇而有謀，屢立戰功，能替孫中山翦除反叛羽翼，故被孫器重，也不斷擢升。至袁世凱稱帝時，封為上將。

✹ 位至上將　急流勇退

民國初期，在群雄割據下，局勢波詭雲譎，連孫中山有時也要退位避走；群龍不能無首又要請孫回來主持大局，如此複雜形勢底下，這位主人公也被世濤浪盪。身擁十萬大軍並不輕鬆，只是發放糧餉就不是等閒易事。

沈氏宗祠，簡樸恢閎而有氣勢，文化氣息甚濃。

✹ 雞公山咀　落籍開村

卒之在一次被隔離主帥環境下，為讒言所傷，無從辯解，要知身擁兵權，無事可大搖大擺，有事連性命難保。主人公幸能全身抵達香港，並欣賞雞公山下，

祠中對聯，無論聯句及書法，均值得回味，不宜錯過。沈公為第十八世祖，現居者為其第十九世後人。

門樓額書"鎮南堂"，對聯則充滿鳥語花香。

"宣威樓"為沈氏起居所，其右側為鎮南堂門樓。

崇山擁峙，峻拔不凡，而有田園芳草之勝；於是向鄧氏購地立村，主人公沈氏鴻英，是落籍廣東來港開村的第十八世祖，並呼為"逢吉鄉"，有逢凶化吉之意。地為雞公山咀，窩為雞口，毋為牛後，是極佳風水地也。

袁世凱所封的"上將府"銜稱。位於青山公路中27和28號里程碑之間，有逢吉鄉碑石於村口，先到模範村，稍入，過鄉事公所有一間逢吉茶樓，旁邊有低矮門廊，穿入，便是上將府，也是逢吉鄉所在。

✳ 既是上將府　也是逢吉鄉

這逢吉鄉非似普通村落，並無村屋聚落，實際只有一家沈氏大宅，這大宅名稱，就是

✳ 氏原公姓　家本將門

舉頭一望，花林後，是三面圍著矮牆的闊大廣場，面對一列三幢中式府第依次排列，

宅與宅間通道建成門樓，此為"集福"門樓。

宣威樓，係據黎元洪為他封"宣威將軍"，並寫"宣威馳譽"而得名，今字跡已模糊矣。

此為"凝祥"門樓，家人通過門樓出入。

先為沈氏家祠，中央是上將府，再後為協威樓。上將府擺設簡單，掛有受封文誥，但文字剝落，若非其後人指點，便會錯過。門聯大書：**氏原公姓，家本將門**。文采斐然之餘，一語道出大將之後，很有關雲長、趙子龍的風采，令人肅然起敬。

✳ 戰功彪炳　將封宣威

宣威樓是因黎元洪為他題有"宣威馳譽"牌匾而名，這宣威是將軍稱號之一，牌匾則是嘉許戰功的獎牌。宣威樓有二樓，沈鴻英作居室，地下客廳，俱有後人續用。宣威樓旁的門口為正式出入圍門通道，額為鎮南堂，門聯：**鶯遷徙柳地，鶴寄得桃園**。知主人很眷戀和滿足於是鄉。

沈氏家祠中庭六大石柱，俱掛文人書聯。

　　祖居岡郡父遷柳州身經地北天南爰得樂郊娛晚歲

　　功在山河業連阡陌念及水源木本特營峻廟紀前勳

聯語文采書法俱佳，當是宿儒所製，值得留意細賞。

上將府主人沈鴻英將軍的戎裝照，由十九世後人提供。

祠內天階一瞥，古樸非常。

兩山夾出流水響

"流水響"是甚麼東西？原來是地方名稱，它有一條溪澗挾兩山之水而下，水豐泉響，淙淙有聲，終年不斷，匯注成塘，水天倒映，林木蓊翠，人樂得泉聲，聽之可以消夏，林間漫步，可以解煩忘憂，於是水塘冠"流水響"之名，溪泉得挾"流水響"之實。這片地方，因溪泉、水塘之名，遂順理成章，變成地名，不特此也，連帶通入此地的路，亦因而得名"流水響路"。這路還一直通出與沙頭角路連接，故此人都對流水響並不陌生。說穿了，怪異之處，本來只就形容會響的溪流而已，卻演變成不成文的專有名詞。

尋古藤、度徑粗，搬烏炭、烤香腸，或則賞湖畔竹林，尋攔塘大壩，或指認龍山，聽橋畔泉水……

INFO

長度 2.8 公里

珍貴 ★★☆★★

難度 ★★★★★

時間 45 分鐘

交通

去程
粉嶺港鐵站 52B 小巴→流水響村

回程
流水響村 52B 小巴→粉嶺港鐵站

水塘附近有著名之龍山。

流水響藏寶圖

皇后山　　　　大嶺皮

布格仔道
布吉仔

鶴藪道

起點
終點

流水響道

鶴藪圍

流水響

鶴藪道

100

100

尋寶路線

流水響水塘

200

300

龍山

300

https://goo.gl/
DLGgVg

✳ 人愛流水響　溪口築古橋

　　知人之愛護有加了，替溪口特築了一道拱橋，石砌圓拱，古色古香，遂在兩旁圍築石柱欄桿，順著地勢彎曲而上。馬虎造法，大可擱兩塊大石板，就此算了，可見曾用過

心機。還給橋刻上"龍山橋"名字，反證了這泉水由龍山下來。或又會問：為何不叫"龍溪"、"龍泉"、"龍坑"之類呢？極有道理，此龍山下還有一"龍山寺"，其定名取義，與"長

水塘入口附近，有巨型藤，較新西蘭國寶壯觀很多。

下路有泥堤，堤上有圓形石屎建築，諒為通氣系統。

141

水光林影，其林植尤美。

山古寺"、"排峰古廟"相同。而龍山之還有
另一更有"風水"意義在焉，就是新界大族鄧
氏祖賴以立圍建村所據，"龍躍頭"老圍就在
龍山之下，而龍山又衍化成五峰而有"五朵
芙蓉"之名。新圍則有向老龍朝觀，顯示晚
輩卑恭之禮。這都顯示龍山很有社會地位。

流水響塘自然有流水橋。

❋ 龍山與石坳　夾出龍山溪

　　"龍山"這一山系，是屬於八仙嶺郊野公
園範圍，龍山又叫雀山，九龍坑山又叫雲山，
是中英夾雜使用之故，花點心思便可以把它
弄清的，而同是流水響之源頭的石坳山更是
清清楚楚的屏風山的餘脈，絕無含糊了。今
年酷熱，有人行龍山也中暑了。

❋ 下路有幽徑　堤壩隱林中

　　我們遊水塘，首先一定看到堤壩，獨是
這流水響只見塘而不見壩，四顧也屬徒然，
難道這水塘真的只在"谷"中的自然水塘？尋
找堤壩成此行的第一要務。落車後，沿路續
行，上斜到高處，及望到橙色屋頂公廁，有
路分上下，習慣上路入塘去，這回向下行，

幽雅如公園的林路，沿石堤落到水邊，觀景後回路面，坡上有兩圓形密蓋物體，不是氣孔。細察此地實乃一條堤圍，由泥石壘建而成。沿路風景非常優美，路盡門封，望之乃水塘堤壩所在了，禁止進入，回至半路登燒烤高台，從樹隙得窺壩容，只能勉強拍照。路上觀賞全塘風貌，真是風姿卓約，可惜沒有環塘步徑。

✳ 藤樹會繪畫　畫出大圓圈

　　沿路過閘門向深處行，水邊有植物，打圈成圓環，藤樹難分，周徑逾尺，遊者應細找勿誤。燒烤場區，間距有度，分佈有序。

至溪流處，細賞石橋風姿，續行深入，可一路過營地燒烤場，直上桔仔山坳，出石龍坑圍村。但我等已盡窺水塘之幽，之秘，文無失義矣。

蔭蔽處樹上長有巨型靈芝，識者謂紅芝，無毒，可入藥云。

龍山就在旁邊，其流溪出口，架有"龍山橋"。

爬上高地，艱難攝得此隱於林中的壩影。

流水響塘之堤壩，隱於下路盡處，有閘擋路。

流水響水塘區，燒烤場地佈置幽雅，環境宜人。

鶴藪塘村有碉樓

當決定要替鶴藪水塘為文作介，內心興奮即油然而生。因對流水響與鶴藪這兄弟倆水塘，心有好感，卻帶神秘。俗語有云：因你不認識它，所以產生恐懼。同樣，因我對它們陌生，所以有神秘感覺。

或因塘細，路過便算，若肯細尋，仍有得著。人或不知村有碉樓，樓外便是分耕地創始者綠田園。

🧭 有好感但覺神秘　努力拆解開謎團

　　帶著神秘感去進行探索，趣味又有刺激，親身去探索，把謎團解開，不是更具刺激性？告訴讀者本人的親身經歷：四五十年代，大家都知科學非常落伍，"無

INFO

長度 5.6 公里

珍貴　★★✫★★

難度　★★★★★

時間 2 小時

 交通

去程

粉嶺港鐵站52B小巴→鶴藪綠田園

回程

鶴藪綠田園52B小巴→粉嶺港鐵站

從下方仰視堤壩，特別有氣勢。

高莆　新屋仔
軍地　虎地排　高埔山　丹竹坑　龜頭嶺
獅頭嶺
皇后山　大嶺皮　鶴　起點
終點
布吉仔　鶴藪圍　東山下
流水響　平頂坳
南山
流水響水塘　石坳山
龍山　鶴藪水塘
八仙嶺
桔仔山坳

尋寶路線
https://goo.gl/
VNsErb

線電"這東西已十分先進了，初期只有真空管機，再後五六十年代，半導體面世，鄙人已需要因工作而一定要掌握這種技術，於是奮下苦功，多方努力，卒之把這些狀如黑豆半導體的功能與原理，掌握下來，以後便不再覺得有任何神秘了。

✳ 相識雖恨晚　很久才再來

　　而鶴藪水塘，它早就給予旅行人仕非常好感，每當從這裡登屏風、黃嶺過八仙，每在上登山路途中，到一個山岬處，這裡有突出的小小平台，站在高處回看平原，只見山下一泓澄碧，彎水盈盈，褐紅泥岸，替綠湖綑上奪目圍帶，偶有遊人三兩，漫遊其中，穿梳於掩映林下，藍天白雲，替吹來一陣和風，更使人覺得神清氣爽，真是不想離去。眷戀是一回事，落山後，

堤壩的外方面貌。

水塘的水光倒影。

又直又彎的鶴藪塘堤壩。

那種匆忙，那種疲倦，甚麼布格仔、鶴藪圍，已經又是印象模糊，因為很久也未有再去了。

🧭 鶴藪塘嬌小　堤壩有個性

造訪那天，風暴過後，水色溷濁而未見澄碧，暴雨雖曾使大美督山洪淹村，而水塘仍未見滿溢。本人替水塘拍照，每愛從堤外下方角度仰拍。這鶴藪水塘頗為特別，在堤壩外側草坡上，特別築上梯級十數，正正適合拍友要求，找到好角度，觀看堤下排洪支

柱，一支支排列成頗有氣勢的陣式，支柱間塘水灩映堤側，影照藍天。而鶴藪水塘作有折曲的堤壩，不像九龍水塘純作弧形，而顯得特別有個性。這是鶴藪水塘的獨特之處。

🧭 水塘位分南北　通路連在一起

鶴藪水塘之行往往不明其來龍去脈，原來在鶴藪水塘路接於流水響路中間。車行不

鶴藪塘路上，營地別致名牌。

水塘盡處的廣場，從家樂徑入口回望。

入家樂徑沿水塘行，便接到這梯級上方落回堤壩上。

久到東山下鶴藪亭，即村口，落車步行一段斜路，過
第一閘及大樟樹第二閘，再上行到第二大樟的大彎位，
還要再上才到堤口，沒有廣場，到了還不察覺。右側
有長長石梯級，可接往平山仔而去沙螺洞，亦是本家
樂徑出口。爬上爬落觀察堤壩後，從左岸直入，過坑
橋再入大燒烤場，分成層級，有門樓書"鶴藪水塘家樂
徑"，沿此可返至堤壩側，剛才所見梯級處。

鶴藪村內一列型格的客家式房屋，非常講究。

✳ 探鶴藪村　發現碉樓

在東山下的鶴藪亭，轉入鶴藪村，父老聲言，鶴
藪是村，不是圍。村中環境整潔，有鄧氏宗祠，還有
姓劉的，村後有排屋，客家形式，發現還附二層高更
樓，如此形式更樓，松香園及瓦窰所見相似，與鶴咀、
白芒獨立式有別，云是鄧氏者，今仍間有村人出入，
並非荒廢。村後再去，便是綠田園，是將地分成小塊，
租與城市人學耕種的鼻祖。而鶴藪村行山人多予忽略，
路過便算。

鶴藪村，叫村不是圍，村後有更樓，少
為人知，門口對正綠田園路。

鶴藪村隔龍山不遠。

麻雀嶺下出儒村

麻雀嶺與禾徑山，自東北斜向西南，面對大小梧桐，儼然成為邊界山脈，其南麓多平原，水源豐足，不少復界回歸村民聚居。沙頭角六村以至萬屋邊近廿村之數，最矚目者當然是那些村名相同，而分上下的大村。按村落慣例，最早立者因地不敷用，而有上下村老新圍之分。

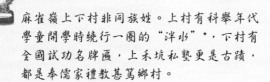

麻雀嶺上下村非同族姓。上村有科舉年代學童開學時繞行一圈的"泮水"*，下村有全國試功名牌匾，上禾坑私塾更是古蹟，都是奉儒家禮教甚篤鄉村。

INFO

長度 5.2 公里

珍貴 ★★★★★

難度 ★★☆☆☆

時間 1.5 小時

 交通

去程
上水港鐵站55K小巴→麻雀嶺

回程
萬屋邊55K小巴→上水港鐵站

麻雀嶺下的下麻雀嶺村張姓，中央即"泰順堂"門樓入口，內裡頗有規模，有功名牌匾。

麻雀嶺藏寶圖

ROUTE

400
300
200
300
200
石涌凹
100
200
100
沙頭角公路（石涌凹段）
烏石角
麻雀嶺
白鶴林
禾塘崗
100
100
鹽灶下
起點
禾坑大朗
鴉洲
海背嶺
尋寶路線
禾坑
大灣
沙頭角公路（禾坑段）
100
終點
梧桐 河 沙 頭 角 公 路
南涌
100
200
https://goo.gl/
JT4VA5
公主山
100
200
200

✳ 石碑是舊跡　無人識里程

我們沿線走訪各村，尋風問俗，探古尋幽，鹽灶下而後對面村是石橋頭，見路有里程碑石，上書STK4，今已少見。入石橋頭，大興土木中，村徑左穿右轉，欲覓祠堂，有婦云：隔籬村有，姓張。村中行或有時遭白眼，但一句溫馨提示，已樂個半天。

✳ 勿嫌村屋細　排列頗整齊

跨過高低級進入麻雀嶺下村，一列村屋不見祠堂，祇有一不顯眼門洞，橫額紅底金書"奉順堂"，門聯：**奉徽乾象，順治家人**。不妄想貪求，只要大家和睦相安，農民思想就是這樣單純、謙卑。

（註："洴水"之義，指水只存一半末滿，不宜自視過高，時刻記起開學時所行洴水教誨，保持謙卑心態。）

泰順堂門樓雖細，內部建築甚鉅，兩巷四門三進兩天階，門聯饒有文風，一派儒家思想。

149

末座右牆上掛"進士"功名牌匾,不讓巨族專美。

麻雀嶺上村的月牙池,,叫"泮水"卜卜齋年代學子開學時先繞行泮水一圈。

進士匾上下疑俱用老宋字體,甚有古風。

✳ 三進四通巷　複雜似宮殿

　　堂內望之頗闇,尋幽亦需進入,頗是令人驚喜,真有探奇感覺。入門後竟是一條通天左右兩通橫巷,然後入前廊、中庭、後廳,具體結構是兩天階,三庭式、四通巷橫門,中軸兩翼偏廳多座,仿如宮殿,令人眼花撩亂,歎為觀止。想不到如此山村,其貌不揚的外表,內裡有如斯龐大而複雜的建築結構。村老指,本村出過狀元的,有匾掛後廳云。剛才以藤蔓滿佈天階,未曾進入,於是再去細看,果見進士牌掛牆上,是光緒十一年會試中式,考獲第177名進士,中式者張蔚增。會試需進京,學子克服道途跋涉,拿得如此成績,進一步就是狀元殿試了,值得欽佩,成績可賀。張氏宗祠在後列較高處。

下禾坑村祠堂,兩翼牆上均嵌山水瓷畫,歷久猶新。

✳ 雖同麻雀嶺　上下不同宗

　　上麻雀嶺村在較高位置,路口貼近下村出口,馬路直上村內。村口大榕,遊樂場,山坡間大興土木。平台上半月形水池叫"泮水",供學子開學前繞行一圈才入學堂。麻雀上下村不同家姓,原來毫無血緣關係,上村雜姓,有小祠堂,後排屋覓得大華公立學校一所,操場與校舍俱完整,但廢棄。麻雀嶺登山路在村側。

二房祠,禾坑民風淳厚,敦守儒家禮法,兄友弟恭。

✳ 禾坑重儒家傳承　梧桐河到萬屋邊

　　過禾塘崗不入，直趨下禾坑村，下禾面對大片綠田，滿植羌花，清香襲人，消暑而使人神清氣爽。祠堂依然極整潔，祠翼外牆山水瓷畫，極頌河山之壯美，祠堂前亦有半月形"泮水"。復出沿馬路過凹下，凹下為五十年代庸社"凹大長跑"起點，今成陳跡。大朗乃禾坑同族，入村與族人相談甚歡，並出示舊照，村前禾地屬大朗，餘皆上禾坑者。前人亦只蒔禾作自用，少有運出市墟，因需人力挑擔，路遠無利可圖。村行就是可感受到一份不意之情。出大朗，直趨上禾坑，過村屋入探"鏡蓉書屋"，此古跡屢出功名，內奉至聖先師孔夫子，儒家思想甚重："**登斯堂必恭敬止，入此室惟孝悌子**"作圍門聯對。曾由村後上攀海背嶺。出，蒙村友以車直送萬屋邊，村民情誼可感。萬屋村大地多，耕作仍在進行。後山為禾徑山，前臨**梧桐河**。從小坑村而至萬屋邊已到河之上游矣。此行收穫之豐，令人大感意外滿足。

上禾坑更有著名書屋，為法定古蹟，內供孔夫子。

上麻雀嶺村有公立學校，已廢棄不用。

宅第標名"世居"，重視宗親源流。宅第標名"世居"，重視宗親源流。側門為"二房祠"，分大細房不同門口出入。門聯寫上：登斯堂必恭敬止，入此室惟孝友于。

廈村自有小蓬瀛

當你遊完廈村，發覺有其自己一個"王國"，並非鬆鬆散散，所以解元宋湘給題以《人間小蓬瀛》，見解有所獨到。

INFO

長度 5.6 公里

珍貴　★★★★★

難度　★☆☆☆☆

時間 2 小時

⊛ 交通 ————

去程
天水圍鐵路站

回程
天水圍鐵路站

廈村鄧公祠，穿遊暗道，看書齋、功名牌匾、名人書聯，祠旁廈市，圍村門樓如入時光隧道。

元朗廈村，為鄧氏十二世祖於明初建立，北接流浮山，西臨后海灣，都只兩公里，東鄰它的族祖屏山，再東一里元朗舊墟，所觸及的大片平原、蠔灘，莫不是鄧氏產業，幅原之廣，令人咋舌。

望向後庭，檐上見到"稅院留芳"，中庭簷頂，友恭堂上高掛皇上親筆手諭，前簷五塊功名牌，其後即喜聞軒。

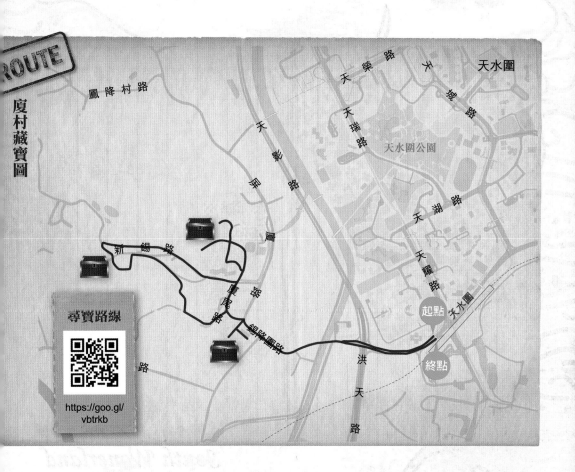

ROUTE

廈村藏寶圖

尋寶路線

https://goo.gl/
vbtrkb

鳳降村路　天榮路　天水圍

天瑞路　天影路路　天水圍公園

新錫路　天湖路　天耀路　起點 天水圍

廈東路　洪天路　終點

只知廈村名　人多不知處

你或會知有廈村，但不太熟，不少旅行人仕也不太熟的，因它在我們慣常旅行路線之外，現在就讓大家去專誠瞭解一下廈村吧！它叫廈村鄉，因何既已有"廈村"之名，何故又加"鄉"？初是只有廈村的，其後聚居者眾，紛紛擴村，於是以廈村為首，將其他新增村群都歸入它名下，遂把廈村升格為鄉，叫"廈村鄉"，還給它冠在牌樓上。

鄧公祠中庭簷頂掛滿功名匾，得來不易。

廈村加屏山　合成屏廈路

首先，告訴大家一個去廈村的方向，並不複雜。西鐵天水圍站外，就是屏廈路，意思是從屏山聯接廈村鄉的路。現在是從屏山那邊朝向廈村行進，無庸贅言，直行便可。經過沙洲里，再百步，便見大廣場，內有大牌坊，上書"廈村鄉"。鄧氏宗祠為十一世祖所建，初建於東西頭村間。

廈村鄧公祠內喜聞軒的名對，解元宋湘書題。

鄧氏宗祠都用矜貴紅砂岩造基線。村老以"稅院郡馬"為榮。

1 內庭苑有拱廊和圓門、書室、議事在其中。

2 似迷宮的側門通出旁廳有泥塑立體字畫，下有金魚池。

✳ 紅岩鋪階井　簷際顯功名

廣場內一間巨型很有氣派的宗祠，上書"鄧氏宗祠"。門聯十個大金字：**南陽綿世澤，稅院振家聲**。紅砂岩牆基、鼓台、門框，進門後連接天井約十尺闊紅砂岩作步階，一路入到中庭階梯都是，似為到訪嘉賓鋪上紅地毯。中庭前簷頂懸五個功名牌匾，後簷頂懸"友恭堂"，再於頂上掛手抄聖諭箴言。一般人未必能解讀特加堂名，其實乃指凡此族系子孫後裔，都可納入該堂名之內，因堂名係族中獨有，他房不會相混，如廈村乃十一世祖洪惠、洪贊開族的，他的堂叫友恭，故一說"友恭堂"，便知乃洪惠之後。

✳ 南陽非諸葛　稅院獨家聲

後庭龕頂漆"稅院流芳"，該位父老說，其他房不會這樣說，只能用"南陽世澤"之類，獨廈村能寫"稅院家聲"云云。查實廈村祖距龍躍頭的鄧惟汲已有許多傳了，祇廈村能獨傳？不明所以，但不便強問。

✴ 文人筆力勁　無聲是驚雷

中庭廂房"喜聞軒"有對聯："**人文古鄒魯，山水小蓬瀛**"。是程鄉宋湘解元所書，聯首道出鄧氏源頭，鄒魯指山東地域；下聯接入廈村地理環境。庸才描寫一般是力加推捧，但宋湘自忖乃解元一名，怎能落俗？於是高格調以"蓬瀛"譽之，又加一"小"字以抑之，便能恰如其份。由此可看出文人用心之細與筆力之厲害：於無聲處聽驚雷。欣賞對聯是旅途無窮樂事。

✴ 別有天地　內蘊文章

祠堂內別有洞天，冷巷中內藏書院、議事廳以至花園、文昌閣。廣場內另一歷史性建築，就是廈村市，在廈村圍內，本來門對水道，北通廣州，南入香港。廈市歷史較元朗市更久。整個廈村鄉範圍不細，錫降圍、祥降圍都有自己圍村，祥降最早，直街六巷，錫降圍直街七巷，"新圍"有"士宏書室"，在蓬瀛的仙境中，看看你能否找到。圍村外繞水道。

廈村中最早建立的祥降圍，找到證明你的功力不弱。

廈村內其中錫降圍門樓。

廈村新圍中有"士宏書室"。

書室已廢，雖感殘舊，但可窺其別緻型格。

廈村市上通廣州，下通香港，曾蓬勃一時，街道雖窄，卻是舊日商貿重地。

155

第 **5** 章

香港島

抗戰史蹟在眼前

即使已七十歲高齡之人，縱然活著，卻不懂戰爭為何物，不知香港有所謂"三年零八個月"的故事，更不要說甚麼"八年抗戰"，捱番薯葉、食花生麩是甚麼滋味了。香港新任的第五任特首，已明令要從孩提時代教導孩子，認識自己祖國的歷史，從而肯定自己作為一個中國人。香港就有這樣的近代史跡在眼前。

INFO

長度 3.3 公里

珍貴	★★★★★
難度	★★★☆☆

時間 2 小時

交通

去程
中環交易廣場6號城巴→香港網球中心站

回程
大潭水塘道6號城巴→中環交易廣場

三年零八個月的煙硝彈雨，不會磨滅的香港史實。有興趣，請黃泥涌峽道上尋找、感受。

就在路邊的第一機槍堡，機槍射擊孔，扼守要衝，與山上第二機槍堡互為犄角，曾重創敵軍。

ROUTE

黃泥涌峽藏寶圖

渣甸山

大坑道

大坑道

黃泥涌峽道

聶高信山

起點

尋寶路線

https://goo.gl/
vnupQ2

布力徑

黃泥涌峽

終點

大潭水塘道

深水灣道

淺水灣道

☀ 唐強宋弱惹外侵　世外桃源難倖免

　　中國的歷史，自宋開始，就常受外族侵侮欺凌，以僻處南國一隅的香港為例，本來以為與世無爭，似武陵源般不問世事，誰知到1941年秋，逃不出二次大戰戰火，使這批無懷氏之民，遭受毀家、滅親之痛，更飽受被奴役之苦。八九十後之輩不知有戰爭，而香港卻竟也保留了一系列的戰爭遺跡。儘管這些外觀仿如頹垣敗塹的廢址，被埋於樹林草莽間，山旅之人，或有行經而覺有煩厭之意；但其間，有為保衛眾人家園，在這裡奮力拋出榴彈殺敵，也奮力拋出自己生命不顧而犧牲的英雄。路過時看到點點槍眼遺痕，總該覺得他們這樣孤守無援，敵人只須以逸待勞，可以守株待兔般擒拿；便該有縱然螳臂擋車，也要把車擋一下的氣慨，其中，金馬倫的義勇軍奇兵，就是這樣以少敵眾，將8,800人三個大隊向中環推進的大軍，死纏

從黃泥涌峽道油站旁邊上到西旅地堡。

西旅地堡出入口有擋牆防衛。

159

這是機鎗陣地下的彈藥庫。

不放,好讓最後防線的西旅,得以加固防守,最後得以兩陣鏖兵,殺得天昏地黑。

✴ 港島有防線 在黃泥涌峽

作為港島區防線,不似醉酒灣第一防線般長,以黃泥涌峽谷作據點,馬路為界作東西旅犄角,實在是將從醉酒灣退守兵員作東翼,重點仍歸西旅指揮。上下兩據點中包括了加拿大皇家榴彈砲兵團、英軍,以及歐亞聯隊的義勇軍團,還有其他支援的散兵隊部。這西旅總部就在力哥信山下的路邊,這裡看似無險可守,卻與日軍爆發彈上膛,劍上鎗的鏖戰,力阻日軍向中環挺進,喊殺連天,天昏地暗,當然最終失守。

這個陣地曾擊落日機一架。

日軍遭義勇軍駐守的第一個(山下方)機鎗堡截擊。

第一機鎗堡就在山坡下路邊。

✴ 12月19日　香港黑暗日

　　當1941年12月19日清晨，日軍閃電攻破九龍防線，於鰂魚涌附近，藉燒柴煙霧登陸維港；即從山腰循金督馳馬徑南段，由東向西推進，目的攻佔中環經濟命脈。途中，遭到義勇軍駐守的兩個機鎗前哨堡所阻，英勇的義勇軍就是駐守在這兩槍堡內，日軍猛攻山上JL02據點，堡內三連九排只有六挺機槍，手榴彈48個，但日軍剪開鐵絲網，沿引水道推進，JL01已嚴陣以待，重創日軍後，卒被日軍偷襲，在通氣孔拋入手榴彈，盡傷兵員，在下方的JL02猛力還擊，迫日軍撤退，**戰鬥12小時**，卒不敵有後援之日軍。而從九龍撤退來抳向渣甸山進駐增援的溫氏榴彈兵團，途中與日軍相遇，領軍的約翰·奧斯本陣亡，後頒十字勳章最高榮譽獎章，亦是唯一獲十字勳章的軍人。這段實實在在有遺跡可據可看的歷史，每個人都會記得，它就在你們身邊，黃泥涌峽道上。

山崗上第二機鎗堡與第一槍堡互為犄角。

最先遭日軍偷襲的第二槍堡，就是從堡頂透氣孔塞入手榴彈偷襲成功。

從這片大空地可遙望西旅黃泥涌峽地形。

海峽灣旁南朗山

南朗山，位港島南，是金馬倫山山脈之向南延伸，沉降後，又再隆起的高地，直插博寮海峽，更在後冰河時期，變成半島地形。作南北向，北面寬廣約一里半，南面驟然尖出而臨海，長約兩里許，高三百米不到。地勢東部偏高而傾斜，西部緩坡岬谷相接，山澗西北入大樹灣，成大片平原地帶，中部因應地形，成就了布廠灣，沿岸卻多造船廠，更有高級遊艇會進駐。

南朗隱黃竹坑之背，當港南鐵路可達山腳，此南朗高原即人流絡繹，撇風景不談，其地實可發展。

INFO

長度 4.6 公里

珍貴 ★★⯪☆☆

難度 ★☆☆☆☆

時間 1.25 小時

✺ 交通

去程
黃竹坑鐵路站

回程
黃竹坑鐵路站

大平台上，廣佈各式岩壑，都因地制宜，有佛像供奉於岩石上，成南朗山特色。

南朗山藏寶圖

ROUTE

黃竹坑

黃 竹 坑 道

壽臣山

黃竹坑道

海洋公園道　海洋公園

深水灣

黃 竹 坑 道

黃竹坑

香葉道

鹹坑尾

終點

起點

惠福道

警校道

深灣道

香
港
仔
海
峽

100

布廠灣

南朗山

100

200

南
朗
山
道

200

100

尋寶路線

https://goo.gl/
KpvAdv

※ 遊艇集海峽　漁船泊海灣

　　海面就是香港仔海峽，西岸鴨脷洲，洲末隆起198米高地為玉桂山，沙堤接於玉桂山南，與68米高之鴨脷排相連，這列高地遂使香港仔為優良避風港，特多遊艇麕集。大家若加留意，便知以鴨脷洲為界，分成兩大停泊區，南朗山這邊香港仔海峽，是遊艇區，大橋以西的香港仔海灣是漁船區，它們互不相犯。遊艇會與世界有名的海鮮舫，就在遊艇區的南朗山下這一邊。

※ 深灣富豪區　南朗一眼望

　　站在南朗山上，東望是另一個香港驕人的風景線，深受泅泳人仕歡迎，也是特級富豪居處的深水灣，灣旁海岸小徑，蜿蜒巖巉石上，腳下嘩嗒濤聲，稍上高處便是轆轆不絕盈耳的馬路，再過就是世界著名的紅花滿樹與青山爭妍，文人必欲一遊的淺水灣。

出地鐵後，沿天橋行到熟食市場乘電梯落。

✳ 南朗通車便利　校前圖畫勵志

　　今天到南朗山不但方便，而且目標明確。新通車的南港島線黃竹坑站B出口，過熟食中心天橋，電梯出口就是南朗山路，上行過小型巴士站，一連串私人住宅和公共建築後，對面有小花園的便是加拿大國際學校，門側有馬雅式圖騰，擬趨近拍照，遭禁止。過後有大廈，大紅天花上蓋，大紅柱，是藝術中心，其走廊滿有勵志意味圖畫，列向前行人像，明顯都是年輕小伙子，反方向走出來的，都是較成熟的滿有朝氣的戴了四方帽的成功人仕，似在説：進來吧！裝備好自己，然後走向社會去。

✳ 玉桂山在鴨脷洲　南朗有海洋公園

　　限制區後，路窄了，車也少了，一條跨過峽谷的路橋，造就了難得的居高臨下近眺港灣景色的觀景台，布廠灣、玉桂山、沙洲和鴨脷排，與及兩岸引來的避

1 途中過一配水庫公園。
2 行至避風堤岸位置有級上山，途中有八仙過海平台。
3 再上另一平台有"南朗亭"，較開陽寬敞。

公園對面為某國際學校，門外有瑪雅式浮雕柱。

過南朗亭後，上山級路較粗糙。

至山頂大平原處，路屬原始形貌，但可遠眺海島浮波風光。

風堤岸。再過不遠，就是防坡堤的外堤，亦我們的登山口位置所在。假日有不少人上落，但缺明顯標誌，令人有所疑慮。

之後，是否再進而窺探，視乎各人體力狀況，但到此亦已經不錯，仔細感受並消化所接觸事物，收穫其實也不少了。老實說，發展局長有否想過這一大片高地平原，是塊高級住宅寶地呀！

✳ 兩個小休台　最後大平原

登級後有小平台，有小亭及遊樂設施，亭側有級再上，中間有"八仙過海"平台小休，再上到較大休憩台，有亭聯曰：**南丫通日月，朗照見乾坤**。聯首第一字分嵌南朗，是鶴頂格。登南朗山，除登高瞰港灣風光外，還望能窺建於此山上之海洋公園真貌，這裡已稍見海洋公園部份高山建築；突現於山巔之間，但距全部面貌尚遠，於是再上，有更大平原展現出來，海洋公園在盡處高崗

從南朗山上，下望海洋公園發展建築的海灣。

居高臨下望，遊艇滿海灣，與黃竹坑屋邨渾成一體。

灣畔鄉村仔細看

行山之得以堅持，源於一個信念。這信念就是來自旅行界前輩，本人的私淑導師千景堂主李君毅，他說"必探其極"，必須身體力行，眼到之外，更要身到腳到和手到。

> 若只行引水道，易忽略灣岸鄉村之特有風味，其實看者從高處望村中遊者，羨煞桃源中人。

✹ 上方引水道　下方有村落

鶴咀半島西岸，既已縱遊一遍，從土地灣到大潭篤，何須再遊？但，西岸不止引水道，下方還有村落，據知應有銀坑村、丫背村、東丫村，還有爛泥灣村，石澳道上還有一個"蓮鶴仙觀"巴士站牌，縱使頭尾的土地灣與大潭篤村已遊，剩下未遊村落、海灣，能丟下不管作算？

INFO

長度 7.4 公里

珍貴　★★★☆☆

難度　★☆☆☆☆

時間 2.5 小時

✹ 交通

去程

筲箕灣巴士總站9新巴→石澳道土地灣站

回程

康樂及文化事務處香港沙灘貨倉站14新巴→西灣河鐵路站

土地灣對岸，紅灣半島風光。

ROUTE

土地灣藏寶圖

野豬徑　歌連臣山　草堆灣

大潭篤水塘　石碑山　大浪灣

終點　石澳道　大浪灣

大潭港　雲枕山　觀音山

蓮花井山　大潭道　爛泥灣　龍脊

龜山　白筆山　打爛埕頂山

石澳道

大風坳　龜背灣　起點　石澳道

夏萍灣　土地灣　鶴咀半島

尋寶路線

https://goo.gl/
jJ1ylB

✷ 蘇子遊赤壁　亦作前後遊

　　就是這樣，使我和老伴再次踏足土地灣之行。效蘇子之赤壁作前後遊，細味香港這些港灣風情。老實說，我們只在金龍脊半山腰，看到的也只是較低角度的景物，就順其自然地去尋找眼前景況吧！如，在這裏也可看到赤柱尖端，那大潭頭上昂首向天的通訊衛星天線，不就因為它們，我們才可以和在地球另一邊的朋友稱意交談嗎？沒有這些設施，不但生活質素大受影響，連經濟也會受重大打擊。還有，若沒有香港人發明的光纖，肯定也不會有像今天這般完美。

✷ 級路曲折　騎樓石奇

　　在土地灣曲折的梯級上，一條小路引導你走到一塊大岩石旁，那是一塊天然的騎樓石，面積大，下面可以通行，落雨時可以替十人以上遮擋雨水。

大潭道落土地灣處，有巴士站。

巨型石肩，可供多人避雨。

銀坑村內，一河兩岸，風光樸素，恰似鄉村姑娘。

1 沙灘雖細，幼而清潔。

2 山水長流不輟，造就"銀坑"。

✳ 髮夾彎多牌　警告路濕滑

落到轉彎點，是髮夾彎，豎了許多指示牌，要點是這裡是港島線，還有是作出路濕石滑的提示。路上到高處，便是開岔點，我們沿直去銀坑村石屎路，繼續上行到高處便出林。路邊有多個作為承托水管的巨型石屎躉，可以小坐休息。值得改善的，這些山徑，**大都缺供人小坐的設施，連像樣的可坐的石頭也欠奉。**

✳ 相逢不相識　只是志趣同

路向下行不久，便有白色小屋出現，是還在修建中的溪邊小屋，附近環境不錯，屋側有很大山澗，故得名銀坑。村民可能不太想外人進入，大多含糊其詞：難行、多狗等等，使我迫得小探之後，原路回引水道再算，而於石屎躉上小休時遇正擬前行入探的蘇姓行友。

✳ 我到東丫村　友到爛泥灣

當重回引水道行到東丫村口上方，正擬落去探村時，得蘇兄電話，説已從村道走到爛泥灣村去，這顯示沿村岸前行，是可以通去而沒有問題的，於是堅定信心決定落去探村。村容是破落的舊屋，但似有人到來打掃，一切整潔，太陽傘，陽台曬衣架，門口瓜棚，冷

裝修後煥然一新的"蓮鶴仙觀"，位爛泥灘畔。

巷盆栽、村中大樹都好。是寫生好題材，攞景好地方。但已錯過有高官僭建的東丫背村。

✳ 路過見泥灘　已覺非常美

　　沿東丫村路走到爛泥灣，蘇兄知我來，還在村口等著，一面之交，竟有如此相助之義，急忙謝過之後道別。灣的地方很大，闊落開揚，蓮鶴仙觀就建於西岸，剛修繕完竣，整潔莊嚴；東岸屋宇成排。面對的爛泥灣是石碑山與打爛埕山間水流沖積平原，平日乘巴士路過，下望這些泥灘覺得很有鄉村風味，很美，很想能作一趟細遊，淺溪捉魚，泥沼拾蛤，草下追蟹，灣岸獵照，農舍探奇，都能一樂。坑流有陌橋橫跨走到東岸的村舍去。

橋前石級路可上到引水道。再跨引水道石橋上山，就是石澳道巴士站。若沿引水道行約4里，到大潭大壩前巴士站，若時間充裕，不妨先落大潭篤村，觀賞大壩雄姿，完成一天非常豐富充實行程再歸。

從高處眺望爛泥灣村，有水鄉意。

榕根纏屋的東丫村，村外有碼頭。

引水道機械截流的現代化設施。

爛泥灣村屋群，灣盡處有橋可到彼岸。

洪水巧雕鶴咀岩

人們常指海邊岩洞為風化形成，人們忽略了地球
經歷過洪水蹂躪期，在挪威古石刻記錄了地球經
歷高低兩次洪水期，在同一地球上，難道香港可
以避得過這些世紀浩劫？

鶴咀可觀之景甚多：古村碉樓、巨魚骨、
自然界之雷音洞、奇形天線，及法定古蹟
機槍堡。

坐船出東海探洞，大節目，但往往受制於天氣。
現在的節目不用坐船，而且不止探洞，還驗證
千萬年前洪水期非同小可的威力。另外更造訪值得做
人的燈塔、古村、古更樓，更有奇形怪狀的天線和二
次大戰機槍堡，這些豐富的節目，都一次過給你。

INFO

長度 8 公里

珍貴　★★★★★

難度　★★★☆☆

時間 3.5 小時

✹交通

筲箕灣

筲箕灣巴士總站9號新巴→鶴
咀鶴咀道

鶴咀

鶴咀鶴咀道9號新巴回程

這是1941年二次大戰時作前哨防守用的機槍堡，駐守本港的軍人興建，其後撤至赤柱陣地。

鶴咀藏寶圖

鶴咀半島

石澳道

起點
大風凹

終點

鶴咀山

石澳郊野公園

尋寶路線

https://goo.gl/
e5hw3m

鶴咀下村

鶴咀村

芽菜玩村

鶴咀道

垃圾灣

雙四門

鶴咀

鶴咀海岸保護區

鶴咀灣

✳ 洪水威力在　破洞存迴音

令人驚訝的是，這雷音洞不在海邊，而是馬路邊的山坡下方。人們只要摸著石塊級落去，會發現一個長長黑黑的大洞，躺在崖下，側身深入，深處透著垂直的月牙形亮光，海浪聲從外而入，蓬嘩嘭吵；穹頂有三層樓高，迴音繞繚，浪把地上石塊拖拉成小粒來回滾動，配合成迴響，這就是人稱雷音洞。請不要說這洞是今天的海浪造成，實在是從前洪水期巨浪才有這樣鉅大的威力。看看洞口離海多遠多高？洞口的大岩石多大多厚？

✳ 洪水造蟹洞　洞成洪水退

進一步探巨蟹洞，穿過鶴咀研究所，踏碎石塊廣場，上到高地，離岸山坡有巨型石橋，下端開孔狀如蟹形，因此叫作巨蟹洞。很像鴨洲的鴨眼。它在陸地

爬落岩底向洞口進發，體驗海浪衝擊威力。

1 近觀燈塔，體形雄偉，被列作古蹟。

2 絕版雪鐵龍鶴咀村名點。

上，較高位置，據知情村民所言，這洞非自然作品，是在起初擬作發展用途時人工開挖的結果，今人同樣作風景看。

✳ 探洞旅程新　古村年事老

這樣吸引的探洞旅程，在甚麼地方？現在才從頭說起吧。洞的位置，都在鶴咀的咀端，是屬於海岸保護區之內。從筲箕灣搭9號巴士，到大風坳鶴咀道口落車即可。

沿鶴咀道入，欣賞沿途山上石河大砲石，海岸舊砲壘風光，古村口有小路可落到二次大戰時英軍建造的機槍堡，列古文物保護。到鶴咀村，村有古更樓及小小北帝宮，有學校，更有一輛絕版古董雪鐵龍貨車。

✳ 圓形與傘架　大面積折射

出村轉東行，行盡馬路跨欄落草地，右轉路口入，會發現很多發射鐵塔，有些吊下大圓環，有些像長腳蜘蛛，或者似雨傘骨架，都是無線電發射天線，但不是較先進的鍋形天線。於是就求教專業朋友，說是短

如今在陸上的巨蟹洞，明顯非由風化造成。洞下細小人物，可見洞形巨大。

波天線，航海通訊用，主力靠山上的強力天線；但天上電離層常常高低變動，船隻也整天航行移動，有時便收不到訊號。用地上這些天線，因是多角度的發射，電離層也可多角度反射下來，船便總有機會收到其中一點訊號，即使較弱，但比收不到好。原來如此，又知多一點。

✷ 燈塔雄風在　古蹟永保存

這程旅行，真的內容很充實。馬路一直把我們引到一座宏偉的燈塔腳下。這燈塔粗壯高大都夠睇頭，巨型而有威儀，比較好望角的燈塔還有架勢，那直布羅陀的燈塔雖然夠高，但嫌瘦弱，鵝鑾鼻的反而又是高大而粗壯，有得揮。原路出，按大路直落，便到岩洞區的鶴咀咀端。

✷ 海岸保護區　進入要檢點

鶴咀半島上保存了這麼多優秀的、有價值的自然景點與人文歷史景點，不大被人注意。主要是因鶴咀尖端是海岸保護區，也多通訊設施，香港沒有把它看成"嚴禁進入"的禁區，已是港人之福，這又是香港之可愛處。大家都會愛護香港，行山人都會自行檢點，不加破壞。

洞後高地碎石，洪水未及把它磨碎。

發覺前無去路原來別出蹊徑，這裡有路可出。

地殼厚厚岩層崩出非常恐怖的大個缺口，當年海水就從外面衝入拍擊出來，力量非同小可，今天也可感受得到。

大圓環天線你見過未？

如蜘蛛，如雨傘，奇形天線，大開眼界。

第 **6** 章

離島

坪洲尋窰問火柴

方圓不及一平方里，端的是蕞爾小島，與長洲相似，有東西兩個海灣，但發展則較長洲略遜，但若仔細根尋，你會發現麻雀雖小，五臟俱全，坪洲並不輸蝕。

INFO

長度 3.8 公里

珍貴 ★★☆☆☆

難度 ★☆☆☆☆

時間 1 小時

✳ **交通**

去程
中環6號碼頭→坪洲碼頭

回程
坪洲碼頭→中環6號碼頭

坪洲灰窰竟有公司遺址，戰時無人不用，享譽南中國的"中國火柴"，竟是坪洲出品？

✳ 人類定居智慧　選擇向海背風

人類選擇定居點的智慧，首先接近水源，故黃河流域為中華民族的發源地；若近海岸，必選海岸成灣，左右邊有岬咀相護；坪洲的聚居點就在海灣中部，築

灰窰雖廢，建成馬路，但辦公樓宇仍存，名牌可辦。

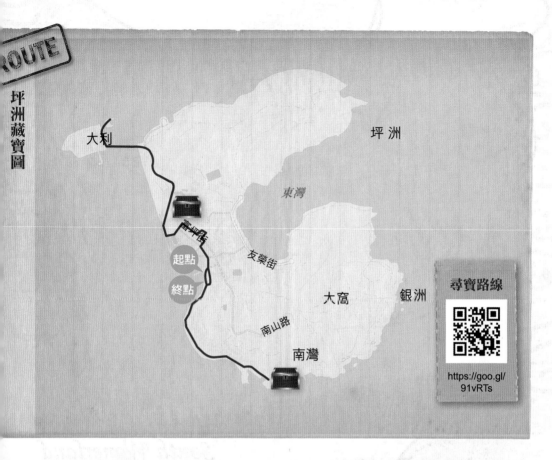

大利

坪洲

東灣

富坪...

友樂街

起點

終點

大窩

銀洲

南山路

南灣

尋寶路線

https://goo.gl/
91vRTs

碼頭，再向兩旁伸展，審視地形，坪洲與長洲都有東灣和西灣，都是東灣較西灣優良，但都放棄東灣而取西灣，考其原因，不外因東灣面向大海，要承受較強大風力，故初民均選西灣。

✳ 要能探勝尋幽　何妨另闢蹊徑

要能尋幽探勝，則不能人行亦行，碼頭廣場雖大，習慣的入村路亦很闊，大型商場於路的兩旁，典雅的天后宮廟宇在街的盡頭，可以直望，但如果與慣常行徑直去，那就不能尋幽，更不是探勝了。

✳ 問道南灣途人　答案人言人殊

故試轉右沿堤岸行，路牌大書"南灣路"字樣。既不是東亦非西，就是另闢蹊徑，有尋幽味。這南灣路

灣堤盡處林屋瀕海環境清幽炎夏仍涼。

昔日原為名震南中國的火柴廠，今已變成屋苑區。

勝利(合記)灰廠舊址仍存,不見窰而有辦公樓,亦異數也。

很雅,彩磚圖案砌,中央植了火燄木、籬杜鵑之外,還有很多花壇。而南灣主要看點,是找尋灰窰故址。問道於途,是預為之所的做法,但人言人殊:好遠啊!很難找的。或者:早就爛了。向他講明只要有那建築物在,破爛也不是問題。"哪,就在行到路尾,垃圾站附近就是。"

✳ 勝利灰窰遺址　所見甚具規模
　　只要有廠址,雖廢何妨,時至今日,怎

能要求一座完好的製灰廠房供人參觀呢?能有廠址,一些建築,已感滿足了。卒之行盡林邊,見內有廢屋,疑惑間,有人冒出,叩之,果灰場也。巡視之下有完好門樓,大書:"勝利合記灰廠",這是寫字樓,左鄰已塌有巨榕相纏是廚房,樹林深處是工場。右方成排房屋是職員宿舍。燒灰用的窰是在今海岸邊,已拆卸了。但此灰窰而以"廠"見稱,當是所見過的規模,以此為最大,是坪洲保存的最威水遺址了。

附近村屋,有云乃員工宿舍處,但廚房則已毀。

登山尋唯一祠堂,不獲,但見海灣如月如鈎,亦算收穫。

坪洲天后廟,看屋脊泥塑,知其甚古矣。

✳ 不甘分配有大細　情願丟荒巢鼠狐

　　勝利灰窰家族姓蔣，有兄弟二，長房無子，只有女；二房有五子而無女。長房以已無子而不甘將產業出售分家，直至如今所見的破敗在莽林間，今天已寸土千金，亦落得淪為狐巢鼠穴而不計。為何不將之折分為二，子息若干各自計量呢！

✳ 中國火柴坪洲製　一擦即著亮南國

　　坪洲多廟而獨缺祠堂，本有一間"鍾氏家祠"，但爬上爬落也找不到，不禁廢然。探訪過天后和金花廟，及廟外"禁碑"，此是唯一屬古文物，已多見記載。然後再走訪"火柴廠"，此火柴廠行銷南中國，小時已經在用它了，它是唯一能在擦火時，不會連藥頭也擦掉，保證能一擦即著；原來乃香港出品。這些好或壞的經驗，不知今天香港人有多少能記憶得到。此火柴廠已改建成民房區。路旁的太子廟，前拙作《300條行山路線》有記載，今廟已移稍高山邊。抬頭仰望，大嶼山老虎頭正下望愉景灣，坪洲距愉景灣不足兩公里，很近。南灣面對兩島是周公島和喜靈洲。藥碑已遭蓋掉，故作為拍友，能拍多少，就要拍多少，機會錯過難再。

金花廟，坪洲著名廟宇。

門樓高高在上的仙姐廟，太子廟在左下方。

過橋後：有路出石咀海灣，風景不俗，勿錯過。

模達校古樹灣幽

南丫島是本港第三大島，位於本港東部之南，距香港仔甚近，相隔海峽叫博寮海峽，遼寧號訪港航母，就是從這西邊海峽進入，經過維港，向東邊鯉魚門駛去。因英文叫 Lamma Island，習慣跟譯叫南丫島，而不跟舊稱博寮洲。

INFO

長度 4.3 公里

珍貴　★★★☆☆

難度　★☆☆☆☆

時間 1 小時

⊛ **交通**

去程
中環4號碼頭→索罟灣碼頭

回程
範達灣碼頭→香港仔碼頭

> 人知索罟與榕樹灣，其實模達灣清幽脫俗，似世外桃源，一間古校悄然隱立，更覺驚訝。

⊛ 北部地形圓渾　南部咀角藏灣

　　全島以中心蘆鬚城最窄，島形由北向南偏狹長，到中部轉向西南伸展，北端有北角山咀，南有黃竹角、

模達村有一間歷史古建築，真是令人刮目相看。

模達村藏寶圖

鹿洲山

索罟灣

蘆鬚城

黃竹角

崖頭

起點

索罟灣　菱角山

終點

南丫島

榕樹下

石排灣

山地塘

東澳灣

尋寶路線

https://goo.gl/
e1B2HG

圓角和大角。由於南部咀角多，港灣亦多而優良，適合漁業養殖，其中索罟灣就是龐大養殖場所，密密的漁排，由灣深處，一直向灣外延伸，場景相當壯觀。其岸衍生相當蓬勃食肆，以海鮮為主，"盎食海上鮮，莫惜腰間錢"，故能吸引大批老饕聚腳，到索罟灣的輪船乘客，並非都是為行山而來的。

從索罟灣登岸沿海堤路行，有這樣的靚景。

✴ 中環走快船　香港仔街渡

前往索罟灣，有中環開來的渡輪，碼頭設於食肆外側遊樂場附近，亦有從香港仔來的街渡，是從香港仔海鮮舫碼頭開來，回程可以先到香港仔一行，再乘車回市區。

✴ 山叫菱角山　山有菱角石

上碼頭的地方，就是大名鼎鼎的菱角山腳，菱角

室雅何須大，容膝且易安即可。

石排灣，海浪淘出滑石灘，遊人隨處可坐。

1 模達新舊二村指示牌。

2 一列舊村搬新房，留下舊居作見證。

3 1961年的一個石刻門牌，可見當地人物風情。

山是南部主山，山腰有奇石，如巨形菱角，因以此得名，菱角山南向面海，山形峭企，有小徑可通上山頂；對岸半島有大石礦場是鹿洲山，礦場採石，供建築材料用。方塊形之漁排，一直排到海灣盡了，齊整而不失有美感。

✳ 菱角登山口　海岸高崗處

路向上行到高處，山坡下林中有幾級石級，是登菱角山入口，此登山口對面有小屋隱於林中，可作登山口標記。落坡後有大型建築物，是垃圾轉運站；再上一山崗，有污水處理廠於下方，龐然巨構，為石屎密閉式，外方留有海堤及僅可容人的行人通道。上小坡後有亭立於路旁，此地原可坐而觀景，今已為林木遮蔽，海景不可見矣。

✳ 垃圾轉運站　污水處理廠

路側有半尺直徑水管，是通往模達村居民食用水管，於此可見城市建設，實在事事關係民生，好的政府會照顧周到。路邊亦開始見有路燈。高處有路口，沿斜路落可到模達村碼頭，可取道搭街渡返香港仔，不需要一定回到索罟灣。

村屋外掛著穿了浮標的魚網，漁村一景。

✳ 芳村有私塾　亦是富人家

　　村屋已在望了，有老婦在指揮建築工人施工，婦云周姓，村屋多租與外來人住，回來只是指點工程。旁有模達學校，1932年前建作私塾，兩層式建築，甚古拙，本富者居，今已列作古蹟。再行，過一列八間整齊村屋，就是榕樹下村，已搬新村，故叫此為舊村。

✳ 榕樹舊村作古　村民樂見新居

　　新村在近海邊，環境自然清幽舒展得多，村民門前搭棚乘涼，自製豆腐花應客，冰滑清甜，客人稱心，主人滿意。再過外面就是模達灣，純自然風貌。而從涯頭半島窺黃竹角咀，今回不可得，實亦應再來一探，才不負此行。尋幽探勝，此行收穫亦不算少了。

從模達灣村碼頭搭街渡可返香港仔登岸再轉車。

模達灣水平波靜，一灣如月。

榕樹灣訪舊探新

現在時興深度遊，其實筆者寫的東西，都並非膚淺浮滑，比如這回以榕樹灣為目的地，先來介紹南丫與港島間的水道，有個名稱叫東博寮海峽，就此先行打住，緊隨船程而觀察景物，船上游觀港島所見最近的第一座山，它不是太平山，而是田灣山和奇力山，稍過，太平山區方才出現，而從海上望去，貼近海岸的實在是西高山，太平山在稍後遠方位置，當轉到極西，過了青洲，進入維多利亞港，就是常常從九龍望向港島所慣見，毋庸多說了。

INFO

長度 5.2 公里

珍貴 ★★☆★★

難度 ★★★★★

時間 1.5 小時

⊕ 交通

去程
中環4號碼頭→榕樹灣碼頭

回程
榕樹灣碼頭→中環4號碼頭

"南丫部落"、小酒吧、小文物館、小食所，飄在街心行人頭上的布帘，洋溢著中西古今文化。

岩石堤畔遙看村貌，就是"綑成堆"處，乍看似亂，其實自有美感在其中。

ROUTE

榕樹灣藏寶圖

石角咀　　北角山
100
　　　　白鴿坑
　　　　　　　　　鹿洲灣
起點
榕樹灣　　榕樹灣
終點
　　　　　　　100
　　　　　　　　蘆荻灣　　　鹿洲
蟛蜞磡
　　　水塘道
　　　　　　　100
排煤機道
波羅咀　電廠大道
　　南丫電力廠
　　　　　洪聖爺海灘
　　　　　　　　100
　　桔仔灣
100　　100

尋寶路線

https://goo.gl/BVoKeA

✺ 多角度觀物　偏看即不全

　　先講一大堆似是題外話，無非想提醒大家，我們旅行，注意力不是只集中於景點，還有其他事物都應加以注意。一個山頭，原來換了角度，它可以變得完全不同，變得使你完全不認識。一個對於自己已非常熟悉的城市已如是，若此事物非自己所熟悉的，就非要加倍留神不可了吧！

已很古老的小店，榕樹灣實在很洋化，但又很土，而且土得很古，執著得可愛。

✺ 山同是此山　成嶺亦成峰

　　不是吹牛的，多點例子，八仙嶺是人都認得那起伏山峰了，當你去到烏蛟騰，上了馬頭峰，還可看到仙姑峰和湘子峰，當稍過而到赤馬頭，再看八仙嶺，只剩得一個仙姑峰，便極不似尋常面貌了。再說一個，青山，熟悉了吧？當你去到國際機場，望對面有個圓

這天后廟前石獅，長相的確有點洋相，據說有段古的。

廟前廣場往往很大，就是因要用來搭棚做神功戲。

錐形尖山，怎麼也估不到它就是青山吧！"橫看成嶺側成峰"，有實物給你驗證。

❋ 之前曬蝦醬　味道已久違

今次去南丫島的北部區域，這裡有榕樹灣，著名地標是從山後突出，遠遠也可望到的三個煙囪了，來這裡不是新丁一個，舊時記憶總有，對比一下今天又如何了？相隔十年以上，還想聞一下碼頭廣場的鹹蝦味道，

村口的迎客榕，還很矯健的屹立在石岸旁邊，但一窩窩的蝦膏醬不見了，這種醬味，有些很愛，亦有人受不了，為了照顧大多數，還是把它撤了。

❋ 市容多樣化　我更愛榕灣

榕樹灣與索罟灣面貌殊不一樣，這裡都有很多商店，但較適合年青人口味，不是單一以海鮮為主，而是各式口味都有，更不乏

榕樹灣不獨洋味，而且有很重古文化味，這就是可愛處。

一方門樓，頂上用石屎畫出古老圖案，記下舊時審美眼光。

滿樹似葉又似花的簕杜鵑，紅如火，點綴滿街深綠。

外國風情的，餐廳的速食式，應接不暇，較講究的揀全餐供應亦有，喜歡蒲吧的門口擺了枱椅，大個啤酒廣告牌寫滿粉筆餐單板，只在門前擺了十來條麵包卷在紅腸上的"美國漢堡"亦有，很有南丫土風味的小館子，食的、小擺設的，似博物館只管看的純文化店也有，這南丫島的榕樹灣，很能展現村民的活力，他們不怕銅鑼灣、中環的商業，揀著這片一直以來都很有洋味的海灣，能繼續堅持下去，而且在當日所見，市街上摩肩接踵，甚為繁忙。街上小飾物店，特式紀念品特多，顧客麕聚。

三支發電廠煙窗成南丫島標誌。

這是搞試點的風力發電，外國已成行成陣了，還要試甚麼呢？

✷ 天后香火盛　發電大風扇

天后廟廣場搭了大戲棚，廟前香火鼎盛，再去，到洪聖爺，沙灘與食肆同告爆滿，火力發電站煙囪在山咀上排列。上到山上，索性參觀風力發電站大風扇，有幾層樓般高大。真要這麼大？

橫看成嶺側成峰，想不到三支煙囪側看變成一支，替古詩作了辯證。

越灣翻嶺苦路行

你知道"苦路"嗎？"苦路"是甚麼東西？如果是基督徒，一定明白的，局外人或不問世事的，就有點摸不著頭腦了。那是耶穌被釘十字架前發生的故事。事情本來發生在今天的以色列首都耶路撒冷，虔誠的信徒，在香港大嶼山大水坑神樂院，也仿製了一條"苦路"。我們就尋這條苦路去。

對世界人類影響深遠的哲人，不惜獻出生命，扛著重荷，走完最後一程人生路，奉勸世人……

INFO

長度 6 公里

珍貴　★★★★☆

難度　★★☆☆☆

時間 2.5 小時

 交通

去程
中環3號碼頭→愉景灣碼頭

回程
愉景灣碼頭→中環3號碼頭

稔樹灣內，一堤入海，上落繁忙。稔樹灣在愉景灣碼頭左方，隔一山坳，幾分鐘步程。

ROUTE

大水坑藏寶圖

愉景灣　　　　　大白咀

大白　　菜園灣　起點

終點

蟹地灣

稔樹灣　　大利

愉景山道　景山道

壁如徑　長沙欄

高爾夫球場

大水坑

尋寶路線

https://goo.gl/qxvg6G

✳ 挑戰權貴　常遭壓制

要探本尋源，這是二千多年前的事了。話說自耶穌出生後，以救世主自居，常常不計個人利益，維護公義，這樣必然觸及某些人特別是當權者的利益，引來不滿，便處處給他為難，化成神話便是在試探山上進行許多誘惑試探。

一片農田，分出幾列畦地，分租給城市人假日專心學菜農做田作。

✳ 首二站在衙門　末五站聖墓堂

耶穌是在約旦河施洗的，洗後內心一片清明聖潔，魔鬼無法入侵，但有位叫"猶大"的門徒被收買了，向羅馬人報告耶穌隱藏處，於是在"喀西馬尼園"橄欖樹下，被捉到"本丟彼拉多"衙門審訊，再送去行刑。苦路就是在訊庭至行刑發生處的事情。在耶路撒冷，第一站耶穌衙門密室受審，該地已建成回教學校，首兩

村旁小廣場土地公社壇，化寶爐非常別致。

長長石灘，石路向灣邊走，盡處過林坳後，是稔灣村。

聖母庭苑，有聖母像，環境幽雅，可以小坐，但不宜嘈吵。

上盡級路，過村後，入苦路，這是12站，耶穌受難處。

站都在校內，有七站在路上，末五站在聖墓堂內，該聖墓堂是君士旦丁母所興建的，是西元324年。聖墓堂內供奉高大棺槨在天庭之下，十分莊嚴。

✳ 耶穌紀元　啟動時軸

　　本地苦路從碼頭開始，到"永授聖母橋"口的"復活"使人感悟到耶穌以一生獻給世人，換來了整個地球的時軸開始計時，不管你對耶穌態度如何，可不能不承認這一刻：祂的誕生，就是世界年輪的開始！佛祖誕生得更早，歷史也更久遠，卻無法改變世界時軸，後來的穆罕默德，更不能輕言改動了。

✳ 欲尋苦路　先過鄉村

　　香港的"苦路"，怎樣探尋呢？我是從中環搭愉景灣渡輪的，這樣才真真正正有路可

中央有多角形聖母亭，四周環境非常謐靜。

復活橋，過橋直入教堂主建築，橋築巨溪上，俯瞰驚心。

行。上岸後靠左上行，到有巴士行走的大馬路，不一刻，落斜時已看到海灘，還有鄉村，還有大海堤直伸出去，這是街渡碼頭。這裡叫"稔樹灣村"，與愉景灣僅是小山咀之隔，一邊是超現代化城市，一邊是原始式鄉村。住在這裡的人，只需信步五分鐘，便能同時感受天壤城鄉風光，最好是他們不會互相干擾，真是一種幸福。

✳ 村民有農地　分租城市人

灘後建有長長堤岸，堤後便是村落民居。行盡堤上坡，展現一畦畦齊整不一的耕地，有人在"落田"，原來都不是農人，是時興的城市人向農民分租的佃戶，假日下田便是一種郊外活動，又可讓孩子學習戶外知識，非常實際。

復活架上有聖冠及耶穌像。

✳ 神樂院牛奶　城市搶手貨

再過是長沙欄村，接石級上行，落到T字路，就是接入苦路的第5站，上行過截水泉為塘，供神樂院應用，這裡曾出產十字牌鮮牛奶，非常搶手。水塘對上大樹下為12站，聖母亭園再上，橋為永授聖母橋，"復活"在橋入口處。過橋可到聖堂，有鐘樓，但拍不到照。出回苦路，上行可到梅窩，下行全經苦路各站，落碼頭候船到坪洲，或返大白回中環。此行沒坐飛機也行了苦路，使我回憶起以色列聖城之旅。

神樂院有一個鐘樓，躲在樹後建築物的盡處。

直把愉景作歐洲

某島有位市長來港訪問，上太平山頂看看，回去說："香港有甚麼好看，很悶，阿里山靚多了。"這位市長愛自己的市情深，說出一種"主奴"關係的話，在情或有可原，最慘是作為市長而又是作客彼方，卻連半點門面禮貌也不懂，兼且，只作日遊，未作夜訪，只從山上俯望，未作山下遠看。市長可知香港的市貌，在遊客眼中，是佔二或首席的，幾曾聽到台灣的陽明山或阿里山有曾居世界排名？

我把愉景作歐洲。人皆愛巴黎，我獨稱布拉格。請從高處向下看，自覺勝過台灣阿里山。

INFO

長度 5 公里

珍貴　★★★★★

難度　★★★★★

時間 2 小時

⊕ 交通

去程
中環3號碼頭→愉景灣碼頭

回程
愉景灣碼頭→中環3號碼頭

宏闊廣場，周圍環繞迴廊，迴廊內商店櫛比，可慢行繞走一遍。

愉景灣藏寶圖

ROUTE

三白　　四白
二白坳　　四白灣
愉景灣隧道　　三白灣
二白　二白灣
大白灣
蟹鉗咀
烏蠅排
大白咀
愉景灣　起點
大白　終點
尋寶路線
愉景灣道
https://goo.gl/D5zzF6
愉巴道　　蟹地灣
大利

✳ 太平山之美　不易被推倒

　　太平山的美，早已在世界建立了不倒的聲譽，它的美，除了在日間，還有在晚上，除了在山上看，還要在山下看；它不僅美在平面，而且美在立體。世界之中，沒有多少國家，多少個城市可與之媲美。雙子城如布達佩斯，地理配對極似香港和九龍，從佩斯望布達，漆黑一片，只見一堵山崖，山腳幾點路燈，幾間小屋散出螢螢燈火，只似鄉村。巴西基督山，孤峰高聳，怎及得香港從西環直到鯉魚門，由山頂到山腳，都是燈光火著，路燈如珠串；這是現代城市的立體美。該位市長想找城市比併來抬高該市地位，很抱歉，他找錯對象了。光是日本遊客就不能被他說服了。

廣場內遍佈太陽傘椅桌，遊客隨意享用，是市區難尋景色。

✳ 昔九龍燈光璀燦　避光害烏燈黑火

　　不說太平山，只說九龍，山頂望去彌敦道，那些

歐式矮房，居高面海，後發展為高樓大廈，難掩歐陸色彩。

海盜式多桅帆船，隨時候命啟航。

嚇人的光管招牌，從尖沙咀一直亮到長沙灣界限街。今天是遜色了不能否認，因為環保控制光害問題，已不再似是彌敦道了，烏燈黑火，怎像個國際大都會呢？倒似返回到舊日廣州去。這個環境，香港人要嘆息也沒用。

階梯台上鐘樓矗立，似是到了歐洲某一角落。

☀ 原來有四白 大白造愉景

我們就不拿世界級太平山去比併吧。在大嶼山，那裡有一"城邦"，對不起，我不是說國際機場，是一個由商人發展出來的，以歐洲城市模式建設，這裡叫"愉景灣"。原來的環境，它是在大嶼山東面，一連有四個海灣，沙白水清，土名就叫：大白、二白、三白和四白。灣後土坡緩緩上接到氣勢磅礡的高山去，這山就叫"老虎頭"，從山上審視地形，老虎側著頭，面向大白灣作"虎視"。

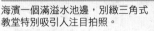

海濱一個滿溢水池邊，別緻三角式教堂特別吸引人注目拍照。

鐘樓兩旁都是較矮洋房，下為長長沙灘，教人怎捨得離去。

✴ 老虎頭大發展　直把愉景作歐洲

商人財雄膽壯，驚喜有可以大加發展的一片土地，於是投資開發，並命名為"發現灣"，這是英譯名稱，中文叫愉景灣。看著它興建，起初只在海岸邊造洋房式花園別墅，沿山坡都是橙紅式瓦頂的洋房，散落在滿是翠綠的園林中，今天走在高處的馬路下望，那醉人景色，幾疑身在外國，置身布拉格首都。愉景灣雖然只由商人發展出來，財力當然比不上政府，但是他的魄力，與營造出來的氣派，倒有一手不受拘束，揮灑自如的氣象，碼頭的圓形大廣場，盡顯大家風範，環迴走廊，商鋪圍立，觀景亭塔，休憩枱椅插滿彩色太陽傘，自由使用。而路上行人竟是操英語多，用粵語問路，肯定搖頭。

這是原叫大白灣的沙灘，更闊更美。適宜慢步。急甚麼？

✴ 不出太平山牌　只出愉景灣章

大馬路上還有學校、會館和酒店，教堂更立於無際池邊，三桅帆船在私人碼頭候命，鐘樓廣場就是歐洲某一角落。懇請那位市長來愉景灣比較。

樓梯通上一個樓台，滿是歐洲風情。

架柱築台，很有霸氣的直插大海，向大海爭地突顯了發展商魄力。

古窰私塾在馬灣

曾遊馬灣多次，以前都是從深井外鄰的碼頭，上岸後是舊村"汲水無波"碼頭，看"租地七尺""九龍關"碑，再繞岸過麒麟亭，看麒麟石。而後，地產商收購了舊村，將以新村取代舊居，碼頭一帶頓成廢墟，同時更有快速輪船取代，航程只需 25 分鐘，來往於中環 2 號碼頭和東灣新碼頭間，航班頗密而準時，遊者多往山上新設公園，或往方舟，當然有島上住客和酒店旅客。

INFO

長度 4.3 公里

珍貴	★★★★★
難度	★☆☆☆☆

時間 2 小時

 交通

去程
中環2號碼頭→珀麗灣碼頭

回程
珀麗灣碼頭→中環2號碼頭

人只知汲水無波之古，方舟之新；而不知磚窰面貌，唐窰之古；不知芳園學校文化。

磚窰內這樣的排列了磚，窰口堆入了柴。雜亂中有美感，定過神，才看出是疊起塊塊泥磚。

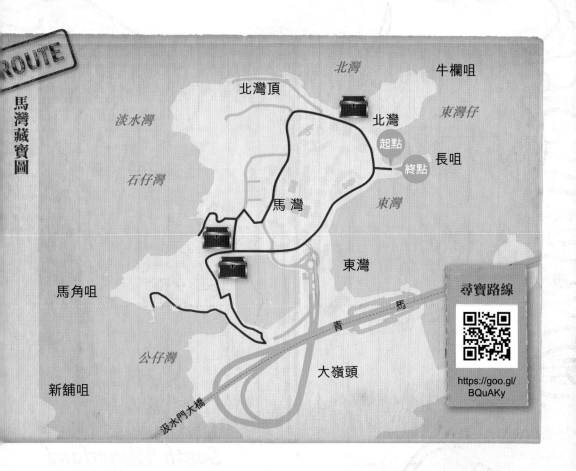

ROUTE

馬灣藏寶圖

北灣頂　北灣
淡水灣
牛欄咀
東灣仔
起點
終點
長咀
石仔灣
馬 灣
東灣
馬角咀
東灣
青　馬
公仔灣
大嶺頭
新舖咀
汲水門大橋

尋寶路線

https://goo.gl/
BQuAKy

✳ 千景倡窮遊　今有深度遊

　　馬灣雖然不大，但不應只限來往於舊村，或只限於新區設施，不應只限於"珀麗灣"而已。自己是李千景追隨者，在力所及的情形下，還需要盡"窮遊"之旨，實踐"窮遊"之義，以與此時興的飲食為主之"淺遊"文化相抗衡。而今日也有"深度遊"之說，這似乎有點切合了吧！

北灣天后宮，對聯鶴頂格，但不協。

✳ 淺遊只顧行　每旁不及義

　　乘新航線有好處，它從碼頭開出，不是西取青洲，而西北行，接近沙田新隧道天橋，是很難得的接近看和拍照機會。上岸處是東灣碼頭，面對高樓，不熟地形，有點茫然。到底自己是資深行客，已帶備指南針，於東灣北行，應就是北灣，這裡有天后廟一家。當是今天的目標之一，展開腳步時，碼頭旁邊向上行的馬

窰頂是這樣一塊塊磚密砌而成穹窿，端的很考功夫。

舊村碼頭上"汲水無波"門樓及碼頭走廊，對岸綠色山咀，即麒麟石和亭所在。

路，就是珀麗道，是一條北行馬路，適合今天要探尋的路，但如此唾手可得，有點疑惑。此路以前已行不少次，為何半點不發現甚麼？

兩柱上對聯，一書**北岸鍾靈朝天后**，一書**灣水緩流奉聖母**。由聯首已證此為北灣，亦是天后，但聲律不協，不能作聯。

✳ 祠廟多聯對　咀嚼啖而甘

上行不久，過了新鴻基中心類似會所建築物，山坡下距沙岸不足卅呎位置，有金字屋脊敷以綠瓦小屋，從前絕未稍加留意，此當是北灣天后廟無疑，急循級落探，果然乃北灣天后廟，廟前數步之遙立有形格門樓，

✳ 田寮汲水搬此　兩村合併新村

再上得第二目標，田寮村其祖祠背向馬路而立，頗宏偉，讀門聯：

田園史歷載千秋　青馬橋邊人稱勝境
寮夏根基創萬世　汲水門鄉斯我新村

磚窰後有一個更古老的"唐窰"遺址，窰而稱唐，其古可知。

很難才找到的芳園書室，已列歷史建築，開閉有時。

馬灣鄉事委員會辦公樓遺址。

讀聯已知此為新村所在，聯意週到，小瑕不掩大瑜。**創**字改**垂**字更佳。

✳ 既有新舊書室，復得唐時古窰

轉落馬路，入鄉事會道，第三目標芳園書屋應在附近，因改造後，新村與舊村環境已大變，尋舊日事物有一定困難，卒之找到舊校書室，工作人員俱外出用膳，遂尋本來相距不遠的新校，途人每稱不知，村民有艱於方向感而不能明示方位者，蓋他們對此等物事，採愛理不理心態吧。沿馬路再上木梯級，竚立一建築前呆站，不意竟是新校所在，今做了博物館。內入拍得昔日礦燈及古油燈照，最大意外收穫，竟是館後有東灣磚窰窰址，雖是仿造，因能窺全豹而感覺滿意。更大滿足，此磚窰後是又得一更古的唐窰舊跡，這當是時代最久的古物，比宋更古遠。探秘果然有所收穫，是深度遊乎？可為本書有更充實內容，亦使本人有更不枉此行感覺。

清政府向英人租7尺地作設立關稅地之石碑。

"梅蔚"石碑，"梅蔚"一名見於新安縣誌，指大嶼山，是否即指**梅窩**待查。

海濱有舊碼頭，山上有雷達有高塔，樹頂有風馳電掣大馬路橋。

蓬瀛皈依深微讓

大澳之對外交通，陸路以大澳道於大風坳下，接羌山道，下石壁，東連嶼南路，可經長沙出梅窩，若西向則極於此。自東涌路開發，則於長沙北上，跨伯公坳後出東涌，至於上昂平者則於大風坳接上。至此，大概已可將大嶼山交通線網有概略性瞭解，不會再被迂迴路迷惑。

古稱蓬瀛古洞，尋而不可得，因皈依佛而成了觀音寺；靈隱寺乃道數，由深微禪讓後建成。

INFO

長度 4.5 公里

珍貴　★★★☆☆

難度　★☆☆☆☆

時間 2 小時

交通

去程

東涌市中心 11 號大嶼山巴士 →觀音寺站

回程

大澳巴士總站 11 號→東涌市中心

觀音寺三樓的萬佛穹頂與穹頂下的五智如來佛像。

羌山藏寶圖

ROUTE

鹿山　寶珠潭

石仔埗　　大澳　鹽田　龍田邨

大風羌山大澳　石壁嶼南梅窩

獅山

鹿湖

終點

深屈道

番鬼塘

尖峰山

牙鷹山

羌山　羌山道

起點

牛過田

尋寶路線

https://goo.gl/
8vq5kL

道

🧭 大風羌山大澳　石壁嶼南梅窩

　　而大嶼山之鹿湖羌山路段，至為禪寺駐集，因而有禪寺叢林之稱，亦是有志探勝遊者尋跡問蹤所在。現在就選取最近最方便，而又最負盛名者，作大半天遊。於是取道東涌，乘11號大澳巴士，過伯公坳，上羌山道，記得眺望山坳上天壇大佛、鳳凰雙峰與狗牙嶺香港第一奇峰，到大風坳過第二個路口（鹿湖路），留意一個大彎位，有路口隱於山坡之上，就是觀音寺的門樓，巴士站就在牌坊下方。

大嶼山羌山觀音寺，門樓額書"聖域同登"。

🧭 主持皈依三寶　觀音進駐蓬瀛

　　這寺歷史很悠久了，建築與人事變化也很大，1910年成立時，叫蓬瀛古洞，信先天道，1940年因主持變動而皈依寶蓮寺筏可和尚為三寶弟子，皈依佛教，稱觀音殿，俗稱觀音廟，到1990年得善信捐獻資金，於是大事重建，三年而成，今稱"觀音寺"。

過門樓直上，有"普渡橋"。

入口平台上一道台階，非常有氣勢。

登寺台上有一座鼓樓，另側有鐘樓。

主樓底層是金觀音佛像，兩側有多位羅漢相伴。

✺ 藍本佛香閣　樓閣頤和風

今日所見，層台而上，大殿寶塔莊嚴，昂然軒敞，原來是參照頤和園"佛香閣"為藍本，自是氣宇不凡；連其餘樓台佈局，採色裝扮，都能做到備極典雅，文采裴然，紅牆黃瓦綠桁，再加敦煌風格簷飾，通孔窗櫺，自然有出塵脫俗品味。

✺ 五智如來佛　穹龕佛萬尊

底層觀音大殿，千手千眼觀音與兩旁八大羅漢（隱喻八百羅漢），對眾生拱護，著意加持。四壁鑲少有的觀音示現銅蝕壁畫，顯示觀音之聞聲救苦大宏願。兩千斤重大銅鐘，洪潤鐘聲，通達上中下三界，拯救人心。中層藏經閣，循級直上頂層，天穹萬佛俯照，庭供毗盧遮那佛，佛面分向東南西北，合稱"五智如來"，遊者當不意觀音寺竟萬佛同供，驚喜有加。迎客大門樓，長聯書：**寶剎重輝照見五蘊皆空莊嚴淨土，慈航普渡接引眾生離苦方便法門**。讀聯已見菩薩一片拯民於苦海的慈悲心。

✳ 深微大師創建　徵求靈隱維持

隔一個車站的距離，是靈隱寺，名寺也，少能路過，必須專遊，信步而下，路口有息肩亭。息肩之義有二，一曰：生活之擔，一曰：塵慮之擔。寺在稍高處，過橋有門於路左，小溪之側，額書"靈隱寺"是伍蕃書，入內後大樓之額書，乃太史吳道鎔所寫，伍書者只得一，吳書者有數起之多，就字而言，鄙意伍書氣貫全字，吳書有上強下不濟之嫌。採之者乃重其太史乎？門樓配聯亦可讀：**靈氣獨鍾一水縈迴登彼岸，隱修弘道萬山環拱護真如**。結構似城門，諒所以防盜。靈隱初由深微大師開山創建，未成而由靈隱接手主持。靈隱有聯紀事：**全副肝腸臻築方成因退讓，一條椰擔徵求靈意托維持**。園林工人者，見我倆年邁，著意驅車送到碼頭。記其行，彰其善也。

主樓是三層寶塔，底層觀音，頂層萬佛，中層藏經。

從馬路過溪橋後，入寺門，沿階梯上"靈隱寺"。

靈隱寺供奉一位神明。

靈隱寺一列雙層四柱建築，土啡色，中書靈隱寺，太史吳道鎔所書。

棚屋桅燈虎山橋

早期文人把大澳說成"東方威尼斯",於是遊者以到大澳追蹤威尼斯為時尚。威尼斯究因何而名聞於世,不得而知,大抵亦不想知。其實威尼斯的水道,實際上就是岸居者的後巷或冷巷,只因地勢低了,為水所淹,威尼斯被迫以舟代步,並發展為旅遊項目,舟子以舉目所見,都是兩壁高牆,枯躁而單調,便哼些民歌以娛客,又被視為浪漫。

大澳是最有人文風情的地方。村民打造了"三桅燈",以茶載道,顯示不屈精神。虎山是看橋最佳處。

INFO

長度 4 公里

珍貴 ★★★★☆

難度 ★⯪☆☆☆☆

時間 2 小時

🎡 交通

去程
東涌市中心 11 大嶼山巴士→大澳巴士總站

回程
大澳巴士總站 11 號→東涌市中心

"三盞桅燈",可喝咖啡、喫香茶,讀書、寫作,思考人生,自然更可與友聊天,看飛馳快艇,夏日到此納涼也可以。

大澳藏寶圖

ROUTE

狗伸地

虎山　　寶珠潭

石仔埗

大澳

鹽田

碼頭

終點

起點

龍田邨

100
200
200
100

尋寶路線

https://goo.gl/kWqfgT

✸ 強風與巨浪　能活得倖存

大澳位大嶼山西端，濱水而灘淺，初民到此亦是陸居，後至者無地立錐，惟有在灘上豎木搭架造屋，實在情非得已，故遊大澳者實應先抱同理心。棚屋夏日得近水或有涼意，冬日朔風怒號便會呼嘯鑽孔而入，雨季更怕連夜雨了，這些都非陸居者只要緊閉窗戶便可解決。而木材會因風雨銷磨而削弱它的負荷能力，這些壓力都非一個陸居遊者所易理解。

寶珠潭畔楊侯古廟，牆畫、檐飾與屋脊泥塑，一起襯出綿綿古意。

✸ 悉心保育　細意打扮

然而生於斯，長於斯的大澳人，已造就一種獨特的大澳人文風貌，它不附屬於名都威尼斯，而是屬於大澳人家的。他們很愛大澳，很珍惜這份獨特的大澳風貌，悉心加以保育，你會發現街道連後巷都很整潔，門前空地，街中小廣場都給種了馥郁芬芳的，與及五

氣勢磅礡的橋柱從大海上冒出，托著厚厚的橋樑，連出長長的大橋，驚世的畫面。

從河道上觀看三盞燈茶座的全貌。

色繽紛的花木，大街有文物展，連小街也出現展館，高架棚屋不止橋道木板舖砌堅固，連通向私人住宅的橋道，同樣舖整得結結實實，竟如入天方夜譚世界。

✳ 逝者如斯　但不慨嘆

架下是闊的泥灘，一支支已完成使命的木柱，還有綴滿蠔殼的石屎樁，它們正告訴來往遊客：它們在這裡已渡過不少歲月，眼看著屋子塌了又重建，橋壞了又再架起，腳下潮水退了又漲，而它們不會發出"逝者如斯乎，不捨晝夜"的慨嘆，大澳的獨特文化就是在這裡慢慢孕育成長。

✳ 細街人情厚　三燈味更濃

鬧市要行，橫街也莫錯過。不過河，鑽入永安街，古怪塌剩半邊後座樓屋仍住了人，轉角處出現了大澳僅見的豪華大宅。轉到太平街，大大街牌與迴文欄桿，向你熱情招手，大紅燈籠在雪白門前笑靨等待，請你別攀高

福慶社土地公神壇，形格古拙少見。

虎山路上白豚群雕像，騰躍如生。

大澳別出半邊樓房奇景。

比遠，請你勿再追名逐利，慢下來，停一停吧！
臨河的欄邊，可以遠眺直到河口，三盞桅燈在架
上掛著；如果你是獨自來的，即使"莫憑欄"，
即使沒"橫槊"，也可在這裡上下高台佈置了的
古拙木橙坐下，作文寫詩，説心聚舊，姓黃的主
人用殷勤而簡練迅捷的語辭向你介紹：她和家人
從英國回歸，都很愛大澳，正全副精力和心血灌
注到這小天地上，她發出吶喊：遠方的客人請你
停下來！

回文欄杆，通出三盞桅燈觀景台。

✻ 虎山觀橋雄壯　大澳潮浸不溶

　　登虎山觀看港珠澳人橋，如海中游龍矯健飛
舞，壯觀之極，看橋真的非上虎山不可。路過坊
仔士多，亞伯拉著訴説天馬兩個颱風，把傢具都
變成垃圾，災情前所未見，仍晏如也。是老漁民
常與大海打交道鍊就出來的堅強性格。我找到
了，這正是大澳人精神所在，大澳文化就是在這
基礎上孕育出來。

太平街上"簡廬"，是大澳大宅。

虎山上紅色圍欄與海上長橋爭舞，橋中央位置轉為隧道，供深海航輪通行暢順。

石壁訪村尋古碑

有些地方常常經過，但坐車，無緣細訪；能抽點空，去探訪村莊，尋古廟，更睹古代石刻。一個人的生活，能這樣的隨意之所之，夫復何求？

石壁建塘時到過塘谷，現訪得部份留村居民細談生活，大壩側有迴文石刻、破廟拙貌仍存。

今天選遊一條石壁水塘外的小村，再尋古廟、探古石刻，屬多姿多采，不容輕視的旅程。起點是石壁車站，從前只得梅窩一線巴士，今天多了東涌。東涌車上沿途報站名，使人大開眼界，聞所未聞。過了水口站，有"四眼馬"的，村名陌生得很。又有一段叫"長沙大橋"，端的此橋何來？值得有心人探究。

INFO

長度 6 公里

珍貴　★★★☆☆

難度　★☆☆☆☆

時間 2.5 小時

⊛ 交通

去程
東涌市中心巴士總站 11 大嶼山巴士→沙咀站

回程
石壁警崗 11 大嶼山巴士→中環碼頭

鳳凰山、狗牙嶺下石壁水塘，建塘期間與姓唐友人暢遊塘底一遍。

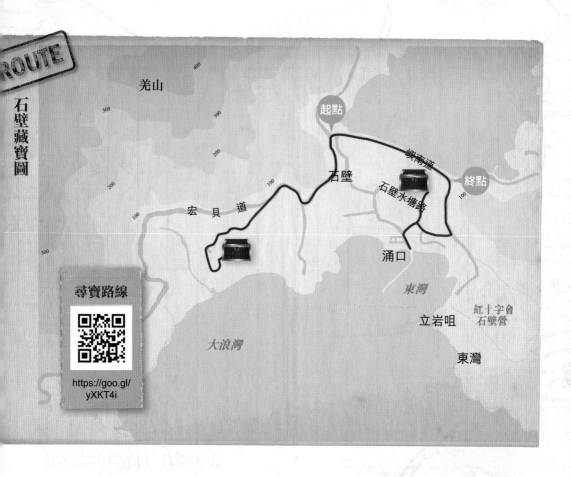

ROUTE

石壁藏寶圖

尋寶路線

https://goo.gl/yXKT4i

（地圖標示）羌山　起點　嶺南道　終點　石壁　石壁水塘路　宏貝道　涌口　東灣　立岩咀　紅十字會石壁營　大浪灣　東灣

✷ 水塘建成　嶺南路通

1959年興建的石壁水塘，利用鳳凰山山脈兩個山岬，夾成石壁谷，在咀端築大壩而成，谷內遷村蓄水，高壩築成通渠大道，乘機規劃了嶺南公路的鳩築，梅窩興旺過一時，而東涌因機場之利而成後起之秀，但石壁同樣緊扼了交通大動脈的咽喉，不管從東涌來、梅窩來，都要先經石壁大堤壩，然後得上昂平、去大澳、落深屈。

✷ 宏貝路入村　引水道輔接

我們探大浪灣村，從起於石壁的宏貝路入。宏貝路是一條較新的路段，原名墳背，它直通落到宏貝村。而遠足的行客，其目的多為分流、再而二澳、大澳；但亦有到分流前上走，到坳入探分流三山，或下萬丈布、龍仔悟園，都屬能征慣戰，高手所嚮的項目。

左下往大浪灣村，右通分流、大澳。

村長欣勤講解大浪灣村古今事。

大浪灣海灘，山咀為靈會山下"白角"。

✳ 起點在壩尾　一壩扼通塗

認識起點地形、位置是重要的。屬小型台地，有避雨亭、坐椅、資訊板、完美的洗手間，重要的是大大個層山起伏型的"大嶼山郊野公園"路牌，為愛到此一遊者拍照最佳點。

✳ 大浪村臨灣　風景頗怡人

沿路入，風涼不冷，陽光暖而不燠，正合行山時節。前面出現大個路口，曾入探，多岐路外，盡處從建築物側有小路，或只供出海濱用。退出再行，路分岐為二，較高者路反窄，乃經分流之主路，低者路卻闊，實只往大浪灣的村路。路牌仍書"宏貝路"，落去就是宏貝村或大浪灣村。

1 潔靜宜人的大浪灣村（初叫宏貝村），村民多有車。
2 已破的宏貝學校，校舍仍新。
3 廟奉洪聖和天后，對比舊廟，外貌相似。

✳ 本是墳背　今稱大浪

　　一排村屋橫列整齊，屋前小廣場得以聯成村路，適時一老者從屋出，急往搭訕村的來龍去脈。答以都是石壁搬來，是1959年的事，因建水塘要遷村，六村中有選荃灣河貝，有選水口，他取大浪灣。全村姓馮，只兩家徐姓。在石壁時叫墳背村，遷時一並改為宏貝，所築入村路亦叫宏貝路，後因此地本叫大浪灣，因而把村亦叫大浪灣村了。問有廟否？答以在灣側，叫洪侯古廟，祀洪聖公和侯王係仿原石壁洪聖古廟而建，並指舊廟建造很早，已破毀，但遺跡猶存，在今人壩的彼端，廢校的下方。

✳ 早有猺人居　漢人明朝到

　　石壁谷內很早已有人居，但不是漢人而是猺人，業鹽，不滿官兵勒收鹽餉，抗而被殺迨盡。我們漢人是明朝時才入住石壁的。石壁洪聖古廟已破，舊址仍在，乃在壩之另端馬路進入，在碼頭前大榕的旁邊，廟毀，存石柱門框，格調古雅。廟外即長長倒L型碼頭。古代石刻亦在同一路旁，外築遮蔽小屋，只在巨石下角有圖文，斜陽下已難明辨，但仍值得一探。

　　到大壩前有溢洪水碗，巨型而有氣勢，難有機會攝得照片，實難能可貴。

石壁村內古石刻，最早有猺人於此定居。

海旁的已破洪聖古廟，大浪灣村者，依此重建。

瀕海一組建築物屬石壁監獄職員宿舍。

樹叢中石壁水塘溢洪水碗雄姿；乘車路過，只得驚鴻一瞥。

汲水橋畔有花瓶

這區從前難到,少人來此旅行,今日巴士直達,可抵大橋之下,距花坪村亦不遠,石即在村後稍上。不遊,更待何時。

有石礐或看如直頸花瓶,或看似變形十字架;旁月如豎琴之橋索相伴,人工與自然為大地添色。

本次行程,景點極為豐富,第一,近距離觀賞現代化建設汲水門大橋;第二,嶼東花瓶石;第三,花坪古村。汲水門大橋是青馬大橋的連接部份,青馬大橋是從青衣島橫跨馬灣島,架於馬灣海峽之上,汲水門大橋,則是從馬灣島橫跨汲水門海峽,然後和大嶼山東部連接。大橋結構形式,採用雙塔斜拉式,與青馬大橋的由主纜作垂直懸吊式不同,外型上很像正在航行前進中的帆船,很有動感,很有氣勢。

INFO

長度 7 公里

珍貴　★★★☆☆

難度　★★☆☆☆

時間 3 小時

交通

機場巴士線
各機場巴士線→青馬收費廣場站

青馬收費廣場站
青馬收費廣場站回程

香港另一建設──汲水門大橋。難得是我們近距離觀看它的雄姿。

花坪村藏寶圖

ROUTE

剑扣灣　大轉　橋塔　汲水門

大青洲長堤　北　天　嶼　山　公　路

青洲仔　二轉

起點

草灣　三轉

終點

大青洲　草灣

花瓶頂

尋寶路線

http://goo.gl/Q5pmFc

花坪　花瓶灣

大嶼山

岩口石

✳ 近觀現代建設　內心產生自豪

　　交通是想像不到的方便。往機場或東涌方向的公共巴士，當過了青馬大橋和汲水門大橋後，到達收費廣場，就在這個站下車。沿路往回走，從旁邊車路走去，到達大橋邊，落兩重石級，穿一道鐵閘，抬頭回看，見路旁圍網外方，有上下兩石屎路，不要徬徨，先選下路，找一條人稱定海神針看看。十數步有路口，向海邊岩石下行，路蔽塞而崎嶇，小心跌滑，定海神針筆直而高高的豎立在岩台上，爬上去看，是一條麻石，仔細再看，向海的一方石面較平，並刻有喃嘸阿尼陀佛，是有心人普渡建橋殉難者，也祈求保佑海上航船人客安康。

　　橋底仰望大橋，高而宏偉，不期然也禱願香港續繁榮。

屹立山頭，人稱花瓶石。

從山上下探花坪石和花坪村。

✳ 涼亭憑欄望　大橋與馬灣

　　回走轉入上路，有涼亭於路側，正好遠攝大橋雄姿，亦可望向對岸馬灣，憑眼力找找麒麟石和麒麟亭，天后廟藏於村屋叢中。之後，便走入樹林中，隨着一道綠色鐵欄橋，轉入一個大灣去，沙灘之後，有村屋，村民在活動；海岸上有一高一矮兩碼頭，本村甚至相鄰的花坪村，也是利用這碼頭對外交通的。這是草灣。

✳ 草灣過後　便入花坪

　　橫過沙灘，入林蔭村路，路闊好行，出林，轉落沙灘，便是花坪村，曾經報稱已廢，但今仍有人活動，在木瓜樹叢後，有人還在建新屋。入村要過一道堅固鋼橋，溪水從上游下流入海，村民於此可得淡水應用。村民平日外出市區，就是走我們剛走過的路來往，更可用小舟攜帶重物於草灣頭登岸，再挑入村。別致的地方，是村口附近，有用就地取材的石塊建造了只有屋牆的房屋兩間，都是缺頂。

人稱"定海神針"的祈福柱。

從外灘回望花坪村。

從山上另角度看花瓶石。

✳ 巨型石筆　人稱花瓶

　　接來時入村路回走，轉彎處向上行，山路變得崎嶇，但也不太難行，不半小時便見山崗上矗立巨型石筆，這就是人稱花瓶石，若從上往下望，可得花坪村及灣景，但石不似花瓶，反更像十字架，把它搬到道風山上，最恰當不過了。

　　石名叫花瓶石，除此外，長洲海岸邊也有一起。

　　本線交通，今天算是輕鬆容易，從前探花瓶，要從青龍頭那邊請艇過來，又要約回程時間，因此屬小型的大節目。

　　當看完花瓶石，可以沿來路回程，不想走回頭路，可沿落山路不落而直上，向山頂走去，過頂後，有小型石屋，便可沿屋後石級，落回到巴士站，也即是來時的收費廣場站，經隧道過對面，乘車出市區。

海灣內有花坪古村，這是入村前古屋。

村民用岩石砌建房屋，但只有屋牆，無頂。

海灣風景不俗。

沙螺灣把港尋樟

伴跑道行，看鐵鳥鴻飛雁落，班次頻繁，知建設艱難，經營需大勇大智，兼且鴻福齊天，吉星高照香港。

> 沙螺灣有碼頭，水陸皆到，到遊除探古廟、古樟外，新造港珠澳大橋，就在碼頭旁邊。

INFO

長度 16 公里

珍貴　★★★★☆

難度　★★☆☆☆

時間 4 小時

⊕ 交通

東涌
港鐵東涌站A出口

東涌
港鐵東涌站回程

由沙螺灣起步，不一定要東薈城噴水廣場，不一定要消防局，而是可以由逸東總站出發。最近因上了 E21A，本來入東涌迴旋處後，轉彎即到消防局，抬頭一看，竟是林蔭大道，樓宇滿是歐陸風情，急急就教於車長；是否錯過了消防局站？答覆是非也，還未到，但只停對面，問我何去，以沙螺灣對。對方説：正是，搭這班車可節省大段馬路腳程，總站出便往沙螺灣去的路口，不妨一試。笨了也只一趟。

從河口橋上望向東涌河深處。

沙螺灣藏寶圖

ROUTE

尋寶路線

http://goo.gl/
gYVnnj

北大嶼郊野公園

錯有錯著　笨了反精

果然出口是近天橋位，也即是入去沙螺灣的路，而回程時也可使用這一線車，真是一項不錯的收穫。

落斜路後右轉沿岸邊出，轉角位大樹下是土地公駐紮地，旁邊更有大量遭人遺棄神像，早知要遺棄，何故要擁有？林下有小村居一所，但不知村名。路邊豎有"侯王廟"牌，計行30分鐘便到此行第一個目標地。

天橋旁便要轉落下邊路口。

皇賜旂竿夾　東涌有功名

經過漂亮整潔的公廁，便踏侯王宮前廣場，廟貌相當莊嚴，兩進屋脊有泥塑，門前有大型鼎狀香爐，左右更有象徵曾獲功名的石夾，石夾乃皇上賜予用來豎立旂竿，故又叫"旂竿夾"，證明東涌村曾出功名，歷史自然有相當。廟內的兩塊東源堂與西源堂碑記可作佐證。遙望吊車成串，從頭上向彌勒山前去。

東涌侯王宮歷史悠久。

機場跑道上的建築物，飛機頭上過。

1 遊樂場上望山上吊車站。

2 阿婆髻山下高廈成群，吊車正從海上過。

3 中途看台築有新觀景亭，劫者可到此小休。

✳ 過東涌河　憶先哲事

　　盤桓二十分後，穿新潔球場及翻髹公園出，便是東涌河畔的青年活動中心，踏上寬闊的東涌河橋，便記起六十年代隨先哲千景堂主遊，當時自大澳返，李氏特別擔心此河橋毀而未修，最怕又適潮漲，那回沿河深入找渡河處的痛苦經歷，仍記憶猶新。如今慶時勢轉易，橋不復斷，而且道路修繕甚佳，圍欄不但加固，並山坡有瀉泥危險的，都加高加厚護土牆了。

✳ 沿灣岸行　航機頻密

　　這邊的灣岸與機場跑道平行，只是隔了一衣海水。只見跑道外側一列樹林屏障，內裡堆堆列列小矮房舍，不時有航機在房舍側向機場盡處滑行，是到跑道末端等待指示，方才進入主跑道鼓力前進。亦時有飛機從反向而來，到某些位置便仰起機頭，向上提升，衝天而去。遠處的雲天之下，突然又冒出來一個黑點，是有機要進場降落了，真的繁忙得很。聽說每兩分鐘便有一架機升降了。這是香港。

磡頭村大　坑多橋闊

過了雪心亭便入磡頭村，村口有宗祠，村內有士多、餓者可進麵食，渴者可購冰水。村大民居迤邐甚長。離村口時有大叢量天尺植物，花潤肺，果可食。過後多溪澗，闊大而多亂石，頗為凶險；中有彌磡石澗，曾有兩行者傷亡。上大斜坡後，在舊有大石崖上築成觀景台，小亭二，大亭一，足可留連觀景，遊者在此定去留，知足折返，亦為不俗。後程有大上落。

沙螺灣之寶　樟樹可稱王

多段大上大落到沙螺灣村，即往村後尋大樟樹，樹高20米，胸圍2.2米，樹齡近千歲，日敵佔港時亦不敢砍伐。今築梯級而上，惜無打掃清理。退而出碼頭，到了大碼頭，適有船可返東涌及屯門，便跳上船去，把港古廟只用相機遙看，廟前搭大棚做神功戲。

海床上圍著 巨大樁板，港珠澳大橋工程已近在咫尺。書成之日，橋已築成，等待通車了。本照成歷史照片了。

1 沙螺灣巨樟稱王，遊者必到

2 沙螺灣村門樓。

碼頭旁有港珠澳大橋工程在進行。

後記

壯年行山，每好高騖遠，越高越難越遠越加起勁，立心一定要把它征服，對於山下的鄉村田野，置之不顧。待到高山上完，海角出盡，灣咀踏遍，感覺一往無前，豪情壯志，不枉此生。我敢相信，每位熱衷於行山朋友，也必定有此同感，在靜下來時，也會不禁思量，到底還可以做些甚麼呢？

擺在大家眼前的，是這片方圓百里的土地，卻實實在在仍有許多地方未接觸，許多路仍未踏過，這樣是否算已完了心願呢？比如新界鄉村，最熱門的只是錦田大族村落，其餘的又如何？鄉村中有所謂"圍村"，是否凡村都有圍？有些有"炮樓"的，又知道多少？是否每村都會有祠堂？前人立村的艱難處，又知得幾多？可知強凌弱，眾暴寡，自古已然，又知智取的成功，比力敵更佳？而村野鄙夫，具進取心並非大族始有，一條僻鄙山村，竟也出了進士、武魁，這就值得令人起敬，不要小窺這一塊黑漆金字木牌，正所謂十年窗下，少點燈油火臘也不為功，還要長途跋涉，無車可搭，赴京城考試，那種艱辛處，難為人道。

而深入各村時，還瞭解到他們的居屋建築形式與出身風俗有關，祠堂的形制、裝飾，可引發出他們的歷史時代；同一圍村，不同的建材，體現了經歷年代的久暫。

官門水道

萬宜水庫前身是"官門水道",水漲可通航,水退人可涉水而過。七十年代初,網誌甚詳,記旅行隊組織"官門強渡",一呼而嘯聚1,200眾,並分作兩組出發,其一於沙咀,另一於官門村,如雙龍會合,於最淺(非最狹處)水道中,號"雙龍出海",一時傳為佳話。78年水庫成而止。

　　圖中凹位今有馬路,一橫向深入,一斜入水濱水務處。山咀為破邊洲,有船在水中行進,其景今不可復見矣。

　　由於生活需要,產生了雛型工業,也看到社會的發展,由最初最簡單的砌窰燒灰普遍出現於濱海地方,到磚窰以至瓦窰、缸窰,這在旅行過程中,都只是浮光掠影,不會重視,但是卻已隱隱呈現出社會進化的一面。

　　大片的油菜花田,田田高舉的荷蓮,支支向日的葵花,被人雅稱為鳳眼藍的蓬花,隨風湧盪,滿塘成片,又已觸起了港人一片如追紅葉的情懷,爭相探訪追尋,而串串低垂的金黃禾穗,除了觸發龍友們的拍趣外,其實,它更勾起故鄉之情。

　　鄉村行其實並不單調乏味,就是一句"圍內話"吧,你以為是好難聽懂的天外來音,卻竟是道道地地的廣州話。鄉村中還意外地藏有"鎮國將軍",還有"上將",不是我"發噏風"亂説一通,他們的後人還實實在在站在你面前,狀元的後人,現在還在香港生活;甚至年代久遠的"舜"帝後人,封邑陳國的遺姓,竟能在香港新界一條僻村祠堂中,堂堂正正標出他們祖姓就是源出於此。他們,就是歷史的活生生見證者,能不令人驚訝?

　　香港的自然風貌竟然能登上世界的文物歷史舞台,作為香港人焉能妄自菲薄,而不發憤圖強,努力加一把勁呢?

——作者黃梓莘

2018年春

香港郊野藏寶圖

作者
黃梓莘

編輯
林榮生

美術設計
陳玉菁

地圖製作
劉葉青

排版
何秋雲

出版者
萬里機構出版有限公司
香港鰂魚涌英皇道1065號東達中心1305室
電話：2564 7511
傳真：2565 5539
電郵：info@wanlibk.com
網址：http://www.wanlibk.com
　　　http://www.facebook.com/wanlibk

發行者
香港聯合書刊物流有限公司
香港新界大埔汀麗路 36 號
中華商務印刷大廈 3 字樓
電話：2150 2100
傳真：2407 3062
電郵：info@suplogistics.com.hk

承印者
萬里印刷有限公司

出版日期
二零一八年二月第一次印刷

聲明：書裡所提供的步行時間，皆是作者行走過後，以自己的步行速度及現場逗留多少時間來決定的，並非實際上的步行時間，將因人而異。而電子地圖內的藏寶箱地點，亦是作者事後在網上點出，或有不準，如遇問題，冀來信指正。